新时代
大学生教育研究

江　帆　李姝睿　陈梦甜　著

中国商业出版社

图书在版编目（CIP）数据

新时代大学生教育研究 / 江帆，李姝睿，陈梦甜著．北京 ：中国商业出版社，2024．10．-- ISBN 978-7-5208-3206-9

Ⅰ．G645.5

中国国家版本馆CIP数据核字第2024SE1444号

责任编辑：吴 倩

中国商业出版社出版发行
（www.zgsycb.com 100053 北京广安门内报国寺 1 号）
总编室：010-63180647 编辑室：010-83128926
发行部：010-83120835/8286
新华书店经销
北京七彩京通数码快印有限公司印刷
*
710 毫米 ×1000 毫米 16 开 9.25 印张 217千字
2024 年 10 月第 1 版 2024 年 10 月第 1 次印刷
定价：50.00 元
* * * *
（如有印装质量问题可更换）

前　言

新时代大学生作为祖国未来发展的重要力量，肩负着时代赋予的使命和责任，是社会主义现代化建设的重要参与者和推动者。他们具有强烈的创新意识和探索精神，具备较高的文化素养和综合素质，在政治觉悟、道德品质、文化素养、人生追求、生活方式等方面的表现总体健康正向，但因受多方面因素的影响，也容易出现“知行不一”的情况。重新审视和思考新时代大学生的多方面教育问题，可从理想信念、劳动观念、家国情怀、网络道德以及自我教育等方面展开分析。新时代大学生的教育需要深入把握开展教育的价值意蕴，明确教育的目标，不仅是培养技能，更是培养人格和精神。根据大学生教育的定位，因地制宜地开展教育活动，满足不同阶段学生的育人需求。将多维度教育与专业知识教育相结合，以培养全面发展的人才，为中华民族伟大复兴注入活力。

在此背景下，本书基于新时代大学生教育的基本概念，首先，对新时代大学生的理想信念教育进行深入探析，理想信念是精神之“钙”，高校大学生理想信念教育关乎国家和民族的前途，是高校落实立德树人根本任务的重要途径；其次，对大学生劳动教育进行探究，有利于大学生实现真正的人生价值；再次，家国情怀的培养是新时代视域下大学生教育的关键内容和根本基点，对大学生的家国情怀教育是大学生教育的重点内容；最后，在互联网发展背景下，大学生个人的素质道德毋庸置疑已然成为大学生教育领域中不可回避的重要内容之一，因此，大学生网络道德教育及大学生自我教育是新时代亟须重视的新课题。通过对以上大学生教育内容的探究，本书分别提出了相应的教育培养策略与建议，以期大学生更好地融入学习活动之中，全方位提升大学生教育的效果和人才培养质量。

前　言

目　　录

第一章　新时代大学生教育概述

第一节　新时代大学生教育提升的必要性和现实意义

高等教育不仅是国家综合实力的重要体现，更是推动社会进步的关键力量。新时代大学生教育水平的提升，是顺应社会主义教育现代化、促进大学生全面发展、推动高等教育质量整体提升的需要，对于推动社会进步具有重要的现实意义。

一、新时代大学生教育提升的必要性

（一）顺应社会主义教育现代化

推动高校学生教育体系改革，创新优质教育新模式和新的人才培养体系，在育人目标、学业管理、课程内容、课程考核、学业预警等各方面都应进行创新调整，这对于高校育人体系和学生发展有着重要价值。要明晰这是社会发展的需要，是顺应社会主义教育现代化的需要，是满足社会各界人士殷切期望的需要，旨在为未来我国教育体系发展打下坚实基础，为社会发展输送更优秀、更合适的人才①。

（二）促进大学生全面发展

推动高校教育管理体系改革既是顺应社会主义教育现代化的需要，同时也是促进大学生全面发展的需要。有助于学生个人学识和技能发展，增强教育效果，弥补传统教育教学管理的缺陷与不足，进一步提升教育的水平。例如，根据末端成果产出来进一步加强实践性教学比重，解决传统教育管理中实践性不足问题，能够有效推动学生应用性和实践性能力提升，保障学生顺利就业或进行创业。

（三）推动高等教育质量整体提升

高校教育体系为社会需求而服务，是满足社会发展的必要因素，是打造社会主义现代化国家的必要途径。推动教育管理改革，提升教学的有效性，彰显高校的办学特点，着重培养各个利益方对学生所需知识与技能的培养，学生能够更好地适应社会发展新场景，这也是高校办学能力提升的表现。

---

① 张绍芳．基于 OBE 理念的高校学生教育管理工作改进研究［J］．教育理论与实践，2022，42（09）：19-21.

二、新时代高校大学生教育的现实意义

（一）引导大学生树立正确的世界观、人生观、价值观

新时代大学生教育更加注重理想信念教育，通过一件件真实的历史事件和人物品质，让大学生在精神领域内产生更强大的内核动力，从而树立起更远大的理想追求，在实现人生目标的道路上，始终坚定理想信念的指导方向。现在国家、社会和学校都在不断强调社会主义核心价值观，以此来切实增强人们的社会意识，在校大学生能通过对社会主义核心价值观的深刻学习，形成正确的价值观念，在为人处世上有更高的道德品质要求。新时代大学生教育，通过理想信念和社会主义核心价值观的教育，使学生能够不断提升自己的精神追求，塑造良好的道德品质，最终能够独立清醒地看待周围的人和事，一步步引导学生树立起正确的世界观、人生观、价值观。

（二）增强新时代高校大学生的爱国主义情怀

大学生经历了知识的洗礼、科学的沐浴，是国家未来发展的主力军。一个饱含爱国主义情怀的学生，可以为自己的国家奉献青春甚至奉献一切。大学生响应国家号召到西部去、到农村去、到祖国最需要的地方去，就是其行动表现。高校思想教育工作者要强化舆论宣传，多向学生传递正能量，多向学生传播国家发展的伟大成就，多引导学生正确认识社会问题，要时刻关心学生的成长发展，了解学生的关注内容，以学生喜闻乐见的、互联网新技术的、潜移默化的方式培育和增强大学生的爱国主义情怀。

（三）引导大学生正确认识时代责任和历史使命

习近平总书记在党的十九大报告中曾说过："中国梦是历史的、现实的，也是未来的；是我们这一代的，更是青年一代的。中华民族伟大复兴的中国梦终将在一代代青年的接力奋斗中变为现实。"① 中国梦是我们每个人的梦想，中华民族的复兴需要我们的共同努力，大学生作为社会中的一个群体，也要勇于承担时代责任，为国家发展贡献力量。实现中国梦不能停留在口头上，而要落实到实践中去。新时代大学生教育，应时代之需，应国家发展之需，教育我们大学生在实现国家飞跃发展的阶段中勇敢地站出来，将历史使命与自身发展紧密联系在一起，肩负起时代之责。

（四）指导高校政治理论课教师改进并创新教学方式

在新时代，高校大学生教育面临新的环境和新的条件，那么以往传统的教学方法必然会难以适应现在新的发展阶段，并且在我们总结经验的时候就发现，理论灌输的方式其实很难取得最佳的教育效果，而且在灌输式和说教式的教育方式下，大学生对于教育的理解和印象逐渐刻板化硬化，教育的效果大打折扣。因此，在新时代，教育方式的改进不可避

---

① 习近平．决胜全面建成小康社会夺取新时代中国特色社会主义伟大胜利——在中国共产党第十九次全国代表大会上的报告［M］．北京：人民出版社，2017.

免。新时代教育的涉及面更加广泛，对教学质量也有了更高的要求，这都需要教师有针对性地教学，根据学生学习的实际情况，满足教学要求，积极创新教育方式，不仅拘泥于传统的教学课堂，还要运用各种传媒，通过不同渠道，利用多种载体，鼓励多种形式，形成宣传教育的合力，取得更好的教学效果。

（五）创新高校教育工作方法

新时代正处于互联网大背景下，信息技术的发展日新月异，高校大学生教育要取得最佳效果，就要与时俱进，充分利用互联网带来的新技术。“培育互联网思维，主动学习与利用互联网技术，创新教育手段与方法；转变教育者的优势心态与主导思维，实现教育者与受教育者相协调；转变以现实情境为单一环境思维，实现现实情境与网络情境的互动、补充、协调发展；树立共享的精神，使先进的教育理论、发达的教育技术、优质的教育资源在互联网的平台上实现共享。”① 同时通过对网络途径的有效利用，也可以使高校教育工作者对于互联网有更加深入的认识，这对于了解互联网意识形态以及抢占互联网意识形态阵地有着积极的作用。

第二节　新时代大学生教育工作存在的不足

党和国家高度重视新时代大学生教育工作，通过一系列措施不断提升大学生教育质量，促进大学生全面发展，为国家的经济社会发展提供了有力的人才保障。但是由于各方面原因，新时代大学生教育工作在教育观念、技术手段、教育协同性、教学内容等方面依然存在不足。

一、教育观念跟不上网络发展的速度

信息时代来临，为了适应新的特征，大量高校都在积极探索网络化教学，现阶段已卓有成效。不过，从高校的学生教育所展开的网络化教学来看，高校的教学任务依然任重道远，新时代大学生呈现出新的性格特征，传统的教学方法和教学理念已经不能完全适用新时代大学生的教育。目前，仍存在部分高校教育人员坚持使用传统教育理念，对新时代的网络信息潮流置之不理，忽略了对网络信息使用的正确引导，不论是教育模式还是教学内容，在教学工作上都没有很大的改变，这也导致了教学质量的逐步下滑。而在学生教育中，教师更需要注重学生的主体地位。如果只一味地给学生灌输知识，却对学生主观能动性的发挥置之不理，将不会取得很好的教学成果。在网络等新媒体的应用上，部分教师不适应碎片化的特征，仍然在课堂上长篇大论，学生必然没有耐心，而在教学过程中对双向交流的忽视，也使得网络创新教育无的放矢，达不到应有的教学效果。

① 王建敏．新时代思想政治教育的特征及实现路径［J］．马克思主义与现实，2018（05）：165-170.

二、技术手段限制学生教育创新

如今的时代早已不同于往日，教育工作不能只局限于讲解知识，还需要注重教学之后的实际作用，因为教育和实际之间存在协同性。新时代的背景下进行党政建设、落实学生教育工作，需要再一次正视两者之间的协同性，如果做不到有效协同，那么在实际工作中教育的作用就得不到发挥。为此，如何利用网络来挖掘更多的途径，让学生教育发挥应有的教育和实践价值是现阶段我国高校的当务之急，最佳的办法就是结合学生的需要改进教育方法。之前，开展大规模公开课的形式是我国高校开展学生教育课采用的较多的形式，在课堂上老师习惯使用 PPT，将课件内容利用投影设备向学生们展现，但是学生们反映老师课件内容很枯燥，没有继续学习下去的兴趣和激情。与此同时，尽管高校致力于学生教育，但是很多教师没有结合网络教学这一新方式来革新教学模式，即便拥有不少网络教学资源，但是却没有应用到位，教材和官网宣传只能成为当前高校学生学习知识的主要途径。

三、教育协同性不足

想要更好地发挥学生教育协同性，应利用好网络来创新教学手段。尽管大家都有统一的认知：可以利用网络便捷性，在最短时间内促进学生教育，但是目前在建设应用机制时还有不少方面需要改进。通常情况下，由组织部门负责高校的学生工作，学生工作部门来负责学生的思想、心理等一系列教育工作。两个单独的部门之间会有一些工作交集，但是之间的协同却没有得到有效开展，尤其是使用网络手段之后，更加需要采用协同机制来进行学生教育工作。在协同机制的作用下，各个部门之间的合作将更加稳健高效，利用网络深度融合协同机制，奠定学生教育的教学基础。

四、教学内容单调枯燥，不能满足师生需求

之所以很多学生说学生教育课堂很枯燥，原因之一是内容枯燥，课堂氛围较为沉闷，教学内容无法与时俱进，激发不了学生的学习热情。虽然高校相关部门一直在寻找更加新颖的方式，例如通过微博、微信等方式进行宣传，但从宣传效果来看，收效甚微，运营维护不到位，原创内容更是少之又少。此外，虽然学校专门设立了微信公众号和微博账户，但是没有合适的人员来宣传、维护，存在感很低，使得高校的学生管理及教育工作进展缓慢。

第二章　新时代大学生理想信念教育

理想信念是精神之“钙”，高校大学生的理想信念关乎国家和民族的前途命运。改革开放以来，党和政府高度重视高校大学生的理想信念教育，制定并出台了一系列政策文件，高校大学生理想信念教育获得了发展，并形成了宝贵的经验。

第一节　新时代大学生理想信念教育概述

一、新时代大学生理想信念教育基本概念

（一）理想信念

理想信念是由“理想”和“信念”两个词语伴随着中国实践和发展演变而成的复合词，是中国特有的词语。要阐述理想信念的概念，就离不开对这两个词语的分析。

理想和空想、幻想不同，它是基于一定社会实践和合理认知而设定的、具有实现可能性和可行性、对未来发展具有正向意义的奋斗目标和远大志向，是全部精神世界的核心。理想基于现实产生，又超越现实，最终经过实践又会回归现实，不能将理想与现实割裂，两者是既对立又统一的关系。作为社会的产物，理想依据对象划分，分为包含道德理想、生活理想和职业理想的个人理想和社会理想。理想作为一种内在的精神力量，引导着行为的发展，从而引领着现实的走向。追逐理想的过程就是突破现有成就、引领发展的过程，这也意味着在现实中追求理想的过程并非一帆风顺和快速达成的，其间会遇到意想不到的困难，即过程是波浪式前进、螺旋式上升的，但并不意味着理想不能实现。我们要树立科学正确的理想目标，在实现理想过程中，立足现实情况，调整和优化方法努力去实现理想目标，在脚踏实地中实现自我突破。

信念是认为某种事物正确，对其产生的坚信不疑的思想，并且这种精神状态可以支配自身行为，是认知、情感和意志的融合与统一。信念是基于一定社会实际和认知而产生、在追寻理想过程中的内心坚定与坚守的程度，对实现理想坚决执行的思想状态。信念不会脱离现实，否则就会受到冲击，只有结合现实和实践才能更好地坚定信念。人们在长期实践中形成的信念，其中不仅是经验的积淀，还受环境的长期影响，因此一旦形成，很难再轻易改变。主体受自身思维、社会实践和客观环境差异的影响，拥有的信念也是千差万别、多种多样的，人们在情感上更愿意接触和亲近与自己拥有相同信念的人，也就有了“志同道合”的说法。信念与理想是紧密相关的，理想是信念的内容，信念是理想的保障。

一个人具备了坚如磐石的信念就是拥有了实现理想的坚实思想基础。如果信念离开了理想的目标指引，就没有了奋斗方向。如果理想离开了信念的保驾护航，就缺少了对理想的坚守。

理想与信念都是人类社会特有的一种精神现象，以主观形式存在于个体意识中，但都以社会实践为基础，理想与信念的产生都离不开实践，同时又要回到实践中去指导和影响个体行为，从而达到预期的目标。同时，理想是奋斗目标，包含着对未来社会的憧憬与追求；信念是指导行为的意志力量，是为实现确信不疑的事努力奋斗的精神动力，两者都体现了个体自身的价值追求。此外，理想与信念之间不是完全割裂开来的，是存在紧密联系的，理想作为前提为信念指引方向。理想是对未来的美好设想，具有超前性，能为个体的行为提供方向上的指引。信念是理想的支撑，为理想的实现提供保障。个体的理想要转化为现实，需要个体在信念的支撑下持之以恒地努力奋斗，丢失了信念，实现理想的过程中就缺失了强大的意志力作为克服重重困难的精神支撑。

总之，理想信念是指主体在实践中形成的对未来奋斗目标科学、合理的美好想象，并将其转化为内心深信不疑的事，从而为此坚持不懈、努力奋斗的精神状态。理想信念的确立，对个体发展和社会进步发挥着中流砥柱的重要作用。首先，理想信念为人生发展提供方向指引。人生的这条小“船”，如果失去了理想信念的“帆”，就会在海面上随波逐流，找不到方向。它也犹如一盏指路明灯，一旦确立，人们就会向着这个目标矢志不渝地努力奋斗。其次，理想信念为人生发展提供精神动力。人处于一个不断发展的变化过程中，而这个过程并不是直线型发展，总会遇到种种挫折与困境。红军长征为何能取得成功，原因之一就在于他们拥有革命理想高于天的理想信念，支撑他们克服磨难坚韧地生存下来。最后，理想信念为民族团结提供精神纽带。我国人口总量超过 14 亿人，涵盖 56 个民族，34 个省级行政区，如果没有共同的理想信念，整个社会就会失去强大的凝聚力与向心力，如同一盘散沙。例如在新冠疫情中，没有哪一个国家、哪一个民族能够幸免，共同的理想信念能使全国上下心往一处想、劲往一处使，举全国之力，团结一心战胜疫情。

此外，理想信念在当今时代具有特定的含义指向。现阶段，理想信念并非指一般意义上的个人理想与信念，而是通常以固定用法的形式活跃于意识形态领域，特指中国特色社会主义共同理想和共产主义远大理想，将理想信念上升到事关国家发展、民族进步的重要战略地位。在 19 世纪上半叶，马克思、恩格斯将实现共产主义作为崇高的理想信念追求，为中国历代领导集体关于理想信念相关理论的发展与演变奠定了深厚的理论与思想基础。共同理想和远大理想建立于中国共产党人对马克思主义理解与把握基础之上，始终坚持马克思主义的科学性、革命性、实践性与发展性。因此，坚定共同理想和远大理想要始终以马克思主义为根本指导思想，一旦丢失了这个“根本”，就会深陷迷雾、难以脱身，只有信仰马克思主义，建立每个人自由而全面发展的社会与实现，中华民族伟大复兴才有了强大精神力量的支撑。

（二）理想信念教育

所谓理想信念教育是指有目的、有计划、有组织对社会成员进行社会主义、共产主义理想的教育，旨在帮助社会成员树立中国特色社会主义的共同理想，明确我们的奋斗目标是实现共产主义远大理想，并引导他们为实现崇高理想信念而奋斗的实践活动。

首先，我们需要掌握的是，理想信念教育是一项实践活动。理想信念教育是思想政治教育的核心内容与重要组成部分，是需要教育者教育引导受教育者接受并内化社会主义、共产主义理想的教育实践活动。同时，受教育者在接受一定的理论主张或思想观念后，还需“外化于行”，而社会实践便为受教育者从“知”到“行”的转变搭建起桥梁，让受教育者在实践活动中逐渐坚定崇高理想。

其次，理想信念教育是一定统治阶级的意志体现。我们所要坚定的是中国特色社会主义的共同理想和共产主义的远大理想，而不是什么其他的理想信念，这是中国共产党在马克思主义指引下实现中华民族实现三次伟大飞跃的重要精神法宝，体现了全民族共同的思想追求，代表了人民的根本利益，这与资本主义的本质有着根本区别。

最后，理想信念教育的落脚点是始终坚持人的发展。共产主义最终是为了实现每个人全面而自由的发展。中国共产党人继承和发展马克思主义思想，并结合现实建设有中国特色的社会主义道路，始终站在人民群众立场上为其谋幸福，想人民之所想、急人民之所急。理想信念教育的目的在于引导社会成员将共同理想与远大理想作为最崇高的人生追求，并积极投身于实现伟大梦想的实践中，从而在这一过程中不断增强幸福感和收获感，实现个体社会价值最大化。

通过上述对“理想信念教育”这一概念的分析，可以总结出理想信念教育具有长期性、发展性与综合性三方面的特征。第一，长期性。理想信念教育这项实践活动不是阶段性、短期性任务，仅靠一两次的理论教育难以使社会个体对其形成全面和深刻的认识，同时对其的认同和坚守也需要一定的时间与过程。第二，发展性。时代处于变化发展中，社会成员的思维方式随着社会的进步也呈现出不同的特点，理想信念教育也应紧跟时代步伐，随着时代的发展而发展、变化而变化，不能拘囿于一时的教育内容、教育方法与教育方式等，要结合时代的新特点、面临的新问题及时建构新的知识与目标体系。第三，综合性。每一位社会成员都是独立的个体，有其自身的个性，因此在进行理想信念教育时，会对教育主体、客体、介体、环体进行充分考察与立体分析，充分把握受教育者的个性与共性。此外，理想信念教育并不是某一主体或团体特定的责任与任务，需要学校、家庭、社会、自身协同努力，打造全方位育人模式，从而提高理想信念教育的实效性。

（三）新时代大学生理想信念教育

新时代大学生理想信念教育主要是指教育工作者根据国家和社会发展要求，遵循大学生成长发展的客观规律，通过各种方式指引和激励大学生确立远大志向并在实践中身体力行的过程。与“理想信念教育”相比，“新时代大学生理想信念教育”体现了特定的教育

客体与教育环体。

首先，突出了“大学生”这个特定的教育客体。作为教育主体的教育者，在开展理想信念教育的过程中，他们的受教育对象涉及每位社会成员，划分标准不同可分为不同类型，如以文化程度为标准，可划分为大学、中学、小学、文盲等类型，在这里主要是指身肩民族复兴重任的大学生，而不是其他社会群体。

其次，突出了“新时代”这个特定的教育环境，主要探讨大学生理想信念教育的社会环境发生了变化，需要根据新的历史定位开展大学生理想信念教育。党的十九大指出中国特色社会主义进入了新时代，社会主要矛盾已经发生转变，党和国家的发展进入了一个新的历史时期。当前，我国已经开启了向第二个百年奋斗目标奋进的新征程，国家发展和人民生活水平已迈上新的台阶，取得了一系列成就，突破了一系列困难，使得新时代出现了新的时代定位。

二、新时代大学生理想信念教育的理论基础

实践需要理论的指导，本节以马克思、恩格斯和列宁关于理想信念教育相关理论为起点，以中华优秀传统文化中关于理想信念的论述为思想渊源，并结合马克思主义中国化时代化最新理论成果，梳理了中国共产党历代领导人对于理想信念教育的探索与发展。

（一）马克思主义经典作家关于理想信念教育的论述

我们所提到的理想信念教育即社会主义、共产主义的理想信念教育，而关于共产主义的理想信念在马克思、恩格斯和列宁的经典著作中有诸多论述。马克思和恩格斯在第一部合著《神圣家族》中进一步对唯心史观进行了批判，指出了资本主义私有制灭亡、共产主义实现的历史必然性。在《德意志意识形态》中两人在对社会基本矛盾分析的基础上，再次揭示了资本主义的弊端，对共产主义的建立、实质等方面的内容进行了剖析与论证。在《共产党宣言》中，马克思与恩格斯对各种与科学社会主义相悖的社会主义进行了批判，补充和完善了共产主义思想，对未来共产主义社会的特征、共产主义的实现道路以及无产阶级政党做了系统的阐述。他们一生致力于实现人的彻底解放，共产主义是马克思主义理论体系的核心成果，是无产阶级不懈奋斗的思想武器，其中蕴含着理想信念教育的因素，这也是马克思主义理想信念的重要体现。

列宁关于理想信念教育的思想是随着他的革命实践活动逐步形成和发展的。在俄国革命过程中，列宁看到了青年学生在革命活动中的积极推动作用，对青年学生积极引导，关心青年身心健康成长，这一过程为列宁理想信念教育思想的形成和发展奠定了基础。20世纪初，列宁开始致力于建立无产阶级政党，从理论与实践上进行了大量探索与研究，在准备过程中列宁重新审视青年问题，主张将青年团结起来，更好地领导青年学生的革命运动。致力于推动俄国革命发展，为其培养一批具有马克思主义信仰的青年学生，列宁从教育模式改革方面提出具体的、切实可行的实施要求，提出了对青年进行灌输教育的理想信念教育方法。同时要让青年深入实践，对青年的教育要在实践中进行，要“把共产主义变

成你们实际工作的指针”[①]，提高党内同志对青年在革命活动中的重要性认识，并创立了青年团，引领青年成为共产主义者，坚定共产主义理想，这使得列宁关于理想信念教育的思想不断发展并走向成熟。十月革命胜利后，俄国建立无产阶级专政国家，基于新时期的新条件与新任务，列宁认为要继续加强青年的理想信念教育和共产主义道德教育，并对青年的学习内容、方法等问题进行了深入研究，指出青年学生的终身任务就是在坚定共产主义理想信念的过程中建设共产主义事业，并进一步丰富了理论思想。

（二）中国共产党人关于理想信念教育的论述

进入新时代以来，习近平总书记高度重视理想信念及理想信念教育，将理想信念教育上升到了新的高度，理想信念教育在这一时期被注入了时代元素，也被赋予了新的时代特色。习近平总书记高度重视理想信念教育对于政党组织、国家意识形态、铸牢中华民族共同体意识和实现中国梦等方面的价值意义，并在理想信念教育思想中凸显人民的主体性地位，指出“人民对美好生活的向往，就是我们的奋斗目标”[②]，提出一系列举措保障和改善民生，在实际行动中真正做到以人民为中心。同时，习近平总书记倡导要以科学理论为指导，将理想与实践相结合，做到“知行合一”，以大众化的语言阐明了理想信念教育的内容，并指出理想信念教育的检验标准要满足时代发展需要。此外，习近平总书记强调要重视马克思主义理论教育、历史教育等内容，坚持“四个是否”的理想信念教育评价标准，以党员干部、青年一代、教师队伍和军队官兵为教育的重点对象，在多次强调中国梦、马克思主义信仰、远大理想和共同理想中得到丰富和完善。

（三）中华优秀传统文化中关于理想信念的论述

随着时间的积淀，中华优秀传统文化的生命力愈加强大，早已流淌在我们的血液之中，成为中华民族赖以生存和发展的文化基因。在中华优秀传统文化中，虽然没有关于理想信念教育的相关思想，但是古人对理想信念却格外重视，在许多思想理论中都表达了对于人生理想与志向的向往与不懈追求，为这一教育提供了思想渊源。虽然时代在变化，但古人的人生理想、政治抱负等依旧在潜移默化中感染着“时代新人”。首先，“天下为公，大同世界”的社会理想。儒家思想创始人孔子曾在《礼记·礼运》中对经济、政治、社会秩序等方面的特征进行了阐述，描绘了当时“大同世界”这一最高社会理想，对深刻理解新时代中国梦具有启示意义。其次，“舍生取义、先义后利”的义利观。古代社会涌现了许多诸如文天祥等在国家大义面前英勇就义的民族英雄，他们身上所体现的“重义轻利”的价值观已经深深地镌刻在我们的中华优秀传统文化中，成为引导大学生树立正确义利观的重要价值取向，厚植大学生家国情怀的重要思想来源。最后，自强不息的进取精神。在中华优秀传统文化中，蕴藏着诸如“志存当高远”“穷且益坚，不坠青云之志”等名言警句，直至今天仍被世人所信奉，作为人生信条，体现了古人崇高的远大理想，并反

① 列宁全集．第39卷［M］．北京：人民出版社，2017：337.

② 习近平谈治国理政．第1卷［M］．北京：外文出版社，2018：04.

映他们在追求理想的路上遇到艰难险阻也始终坚持不懈，始终保持进取精神，这为大学生树立了榜样，引导大学生确立自己的人生志向，并在追求梦想的过程中要坚定意志。

三、新时代大学生理想信念教育的内容

进入新时代，要一以贯之，用科学理论筑牢大学生这一主体力量的思想根基，让大学生在正确方向的指引下树立起崇高而远大的人生追求目标，在不断夯实理论基础的过程中自觉担负起实现中华民族伟大复兴的时代重任。

（一）对马克思主义的信仰教育

马克思主义以其真理性散发出耀眼的光芒，在人类文明的长河中熠熠生辉、经久不衰，在世界发展进程中发挥着中流砥柱的作用。马克思主义科学的世界观和方法论为大学生树立和追求人生梦想提供方向引领，要对大学生进行马克思主义的信仰教育，帮助学生从总体上把握马克思主义的基本原理、鲜明特征及当代价值，始终坚持对共产主义的执着追求，从辩证唯物主义和历史唯物主义的立场出发去认识世界和改造世界，在此基础上掌握历史发展的客观规律，不断增强自身的思维能力与实践能力。“马克思主义不仅深刻改变了世界，也深刻改变了中国”①，党领导中国人民以马克思主义为指导，从中国实际情况出发，制定符合中国实际的发展战略，推动中华民族实现了三次伟大飞跃。现在，党和国家事业迈向新的发展台阶，需要大学生以马克思主义作为战胜各类风险挑战的强大思想武器，唱响新时代的主旋律，以崇高的理想与坚定的信念迈入新征程。

（二）对中国特色社会主义的信念教育

中国特色社会主义是党和人民历经千辛万苦，在艰难困苦地探索社会主义建设实践中逐步形成和发展起来的，是几代共产党人矢志不渝的理想目标，凝结了亿万人民的智慧与汗水。党的十九大在“两个一百年”奋斗目标的基础上制定了“两步走”的战略安排，对实现“两个一百年”奋斗目标作出了具体的部署。同时，在党的二十大上，习近平总书记强调了未来五年对于全面建设社会主义现代化国家的重要性。在党的坚强领导下，我们全面建成了小康社会，实现了第一个百年奋斗目标，实践证明，中国特色社会主义道路是符合我国国情的发展道路，在实现中国梦的过程中战胜了各种艰难险阻，重要原因之一就在于始终坚持中国特色社会主义。对大学生进行理想信念教育的相关活动，就是要带领他们认识到中国特色社会主义制度的优越性，认识到中国特色社会主义是我们不断取得新胜利的重要法宝，认识到中国特色社会主义是科学的社会主义，并加强对大学生进行“四个自信”的教育，引导学生掌握改革开放以来党取得一切成就的关键所在，使大学生坚定对中国特色社会主义的信念，树立远大志向，勇于担起历史使命。

（三）对实现中华民族伟大复兴的中国梦的信心教育

近代以来，实现民族复兴成为无数革命先辈和英勇烈士不懈努力追求的崇高理想，这

① 习近平．在纪念马克思诞辰200周年大会上的讲话［N］．光明日报，2018-05-05（2）．

也是当今每位中华儿女共同的愿景和肩负的重任。在这一过程中，我们会遇到各种困难，或涉险滩，或爬险坡，要攻克这些难关，应对各种复杂尖锐的斗争，不断在新的征程上夺取新的胜利，需要强大的意志力作为支撑，需要始终以实现中国梦的信心作为强大的精神动力。因此，对大学生进行实现中国梦的信心教育是理想信念教育的应有之义。新时代大学生理想信念教育归根结底是帮助大学生树立伟大目标，在人生的韶华之年不虚度光阴，脚踏实地朝着人生理想而努力前行，自觉、主动、积极参与实现中国梦的进程中，为民族复兴贡献青春力量。对大学生进行理想信念教育时，要使学生了解、掌握中国梦的形成历程、深刻内涵及实现路径，引导学生在实践中不断练就本领，锤炼克服困难的意志，并将“小我”融入祖国的“大我”中。无论是过去、现在还是将来，中国梦是“中国青年运动的时代主题”①，是大学生矢志不渝、努力奋斗所要追求的目标，要通过对大学生进行实现中国梦的信心教育打牢大学生的共同思想基础，始终坚定信仰信念信心，在前进路上放飞青春梦想。

四、新时代大学生理想信念教育的现实意义

对大学生开展理想信念教育活动具有重要的现实意义，它是高校落实立德树人根本任务的重要途径，同时也对大学生的个体发展和中国梦的实现都产生着十分重要的作用。

（一）有利于培育勇担强国重任的时代青年

青年是社会进步发展的重要力量，他们的精神追求与人生价值观对国家和民族的命运产生着重要影响。中国的经济实力、科技实力与综合实力取得新飞跃，青年一代的发展环境更为优越、精神成长空间更为广阔，拥有更多发展机遇，同时他们又处于人生成长的关键时期，不良信息的诱导容易对青年的价值观形成冲击，出现思想滑坡、意志不坚定等问题。因此，这一教育有助于青年在学习习近平新时代中国特色社会主义思想中坚信中国道路，在倡导社会主义核心价值观中坚守价值追求，在汲取中华文明力量中坚定文化自信，从理论、文化、思想素质等方面锤炼自身过硬的本领。理想信念教育能帮助青年将个人梦与中国梦更好地融合起来，激励青年把理想信念这一立身之本牢牢攥在手心里，在平凡岗位上成就出彩人生，在危难之际冲锋在前，将理想信念的强大精神力量转化为建设强国伟业的积极行动力，深入基层一线，投身祖国最需要的地方。

（二）有利于高校落实好立德树人根本任务

自中华人民共和国成立以来，党和国家在教育方针中多次强调受教育者德智体美劳的全面发展，直至党的十七大报告首次提出了“育人为本、德育为先”的要求，提高了德育的重要战略地位。进入新时代以来，强调要把立德树人作为教育的根本任务，并且要落实好这一根本任务，这不断创新了党的教育理论，对教育的本质进行了深刻的揭示。习近平

---

① 习近平谈治国理政．第一卷［M］．北京：外文出版社，2018：53.

总书记强调，“人无德不立，育人的根本在于立德”①，这是学校办学要遵循的教育规律，并在坚持立德树人中强调加强理想信念教育，将理想信念铸魂作为实现立德树人根本任务的关键环节。“立德”的根本在于“铸魂”，也就是要铸牢大学生的信念信仰之魂，使大学生能在时代潮流中坚守正确的价值准则，以科学理论武装头脑，从而使大学生能在各种是非面前坚定方向、保持定力，不断在理论与实践中锤炼大学生的思想道德素质，提高大学生明辨是非的能力。大学生理想信念教育是高校落实立德树人根本任务的重要内容，“努力培养担当民族复兴大任的时代新人，培养德智体美劳全面发展的社会主义建设者和接班人”②。这有利于帮助大学生提升品德修养，为他们战胜各类复杂的风险挑战筑牢道德根基，为成为自尊自信自立自强的新时代大学生打好精神底色。

（三）有利于实现中华民族伟大复兴中国梦

党的十八大以来，党带领全国人民在各种风险挑战、惊涛骇浪中为中华民族伟大复兴的中国梦努力奋斗，取得了举世瞩目的成就，“实现中华民族伟大复兴进入了不可逆转的历史进程”③。但是，“中华民族伟大复兴绝不是轻轻松松、敲锣打鼓就能实现的”④，未来五年发展对于“两步走”战略至关重要，面临着许多新的实践与理论课题，存在难以预料的斗争与挑战，需要每一位中华儿女在头脑上保持清醒、理想信念上保持坚定，以更为艰苦的努力走好新的赶考之路。“理想信念动摇是最危险的动摇，理想信念滑坡是最危险的滑坡。”⑤ 理想信念产生动摇或者丢失，一个国家、一个民族便极有可能会走向衰落，我们党历经风雨飘摇仍焕发勃勃生机，原因之一就在于拥有坚定的理想信念；无数的烈士在复兴路上献出了宝贵的生命，原因之一就在于拥有对远大理想的忠贞。新时代大学生生逢其时，重任在肩，对大学生进行理想信念教育，有助于补足大学生的精神之“钙”，帮助大学生始终坚定对马克思主义的信仰，为中国梦的实现注入动力；始终坚定对中国特色社会主义的信心，为中国梦的实现提供精神基石，鼓励大学生在坚定“四个自信”中担当历史使命，明确奋斗目标，自觉投身于伟大实践中，在人生最美好的时光中为国家和民族事业而努力奋斗、努力拼搏。

五、新时代大学生理想信念教育的成效

新时代以来，大学生理想信念教育在党中央和国家的不断关注和改革中，得到了创新发展，并且取得了卓越成效，主要表现在新时代大学生在思想上理想信念状况总体向好，在实践层面投身于实现中华民族伟大复兴的中国梦的建设中。

---

① 习近平．在北京大学师生座谈会上的讲话［N］．人民日报，2018-05-03（02）．

② 习近平谈治国理政．第3卷［M］．北京：外文出版社，2020：328.

③ 习近平．在庆祝中国共产党成立100周年大会上的讲话［M］．北京：人民出版社，2021：7.

④ 习近平．决胜全面建成小康社会　夺取新时代中国特色社会主义伟大胜利［M］．北京：人民出版社，2017：15.

⑤ 习近平谈治国理政．第2卷［M］．北京：外文出版社，2017：34.

（一）大学生理想信念状况总体向好

在新时代，大学生的理想信念主流是积极、健康和向上的。习近平新时代中国特色社会主义思想的“三进”工作促进了大学生理想信念教育在新时代的开展。各大高校积极承担“为党育人”和“为国育才”的使命，紧紧围绕“为谁培养人”这一根本问题①，坚持不懈地践行初心，不断探索创新的方法，努力实现大学生理想信念教育的重大突破。在思想层面，大学生深刻领悟到，只有坚持不懈地践行党的各项方针政策，才能够真正实现中国特色社会主义的理想，更加关注国家和民族的未来，深刻认识到自身的发展与国家前途的密切联系，并且充分感受到党的领导和政策给祖国带来的翻天覆地的变化，从而调动和坚定为实现中国梦而不懈努力的热情与决心。大学生对自己的未来充满期待，他们清楚地意识到，只有不断努力，才能实现自己的梦想。《新时代的中国青年白皮书》强调了青年的重要性，并且提出了一套完善的青年发展政策体系，以满足不同地区和不同行业的青年需求。青年们可以充分利用起政策的红利，感受到温暖的关怀，这种关怀就在他们身边，在理论的感召和实践的关怀下对社会主义建设事业产生强烈的使命感。

（二）大学生更加自觉将内在认同转化为实现中国梦的力量

大学生在这一阶段，将理想信念转化为自觉行动，积极投身于伟大复兴中国梦的实践中。2017 年，习近平总书记给参与“青年红色筑梦之旅”实践活动的大学生创新创业团队发出了一封重要的回信。他希望大学生深入了解中国的国情民情，在创新创业的过程中不断提升自身的智慧和能力，在艰苦奋斗的过程中磨炼意志品质，在为实现中国梦而奋斗的过程中实现自身的价值，用青春书写出一段不负历史、不负时代、不负人民的辉煌篇章。这不仅是他对这个团队的寄语，还是对高校大学生的期望。在 2022 年的冬奥会上，许多青年大学生运动员和志愿者为国家和比赛作出了巨大贡献。这些体现了当代大学生应有的坚定理想信念。大学生成为胸怀“国之大者”，成为国家建设的主力军，他们勇于承担责任，在这个新的时代和领域里尽力去实现抱负，创造辉煌的事业，并努力实现我们的中华民族伟大复兴的伟大梦想。

党和国家始终重视高校大学生理想信念教育，对大学生理想信念教育的认识是一个不断上升的发展过程，并且采用各种方法和利用多种载体去开展大学生理想信念教育，使得大学生理想信念教育的实践是丰富多彩的，也是富有成效的。大学生理想信念教育的理论基础和学科支撑在发展中进一步夯实，大学生理想信念教育的成效日益显著。

---

① 习近平谈治国理政．第 1 卷［M］．北京．外文出版社，2014：58.

第二节　加强新时代大学生理想信念教育的路径

新时代加强大学生理想信念教育是促进大学生德智体美劳全面发展的重要举措，也是实现中华民族伟大复兴的重要保证。本节从教育内容、教育方式、教育合力及学生主体四个方面提出对策和建议。

一、以科学理论为引领，夯实理想信念教育之基

以科学理论为引领，吸收马克思主义中国化时代化最新理论成果以确保理想信念教育的正确方向，汲取中华优秀传统文化以厚植理想信念教育的内涵，弘扬社会主义核心价值观以丰富理想信念教育的内容体系，用好“四史”资源以强化大学生爱党爱国情感。

（一）吸收党的最新理论成果，确保理想信念教育的正确方向

在党的二十大报告中，习近平总书记对过去五年和新时代十年的伟大变革进行了全面、深刻的总结，同时围绕全面建设社会主义现代化国家、全面推进中华民族伟大复兴绘就了一幅美好的蓝图，在此基础上对治国理政提出了一系列的新理念新思想新战略，对习近平新时代中国特色社会主义思想作出了新的阐释与论断，这也为对大学生进行理想信念教育指引了方向，并提出了新的发展要求。

高校教育者要贯彻落实党的二十大精神，在理想信念教育中补充习近平新时代中国特色社会主义思想，从而更新教育内容，提高理想信念教育效果。随着党的二十大召开，一系列新论断的提出，高校教育者要梳理马克思主义中国化时代化的最新理论成果，并将其补充到理想信念教育中，例如，党的二十大报告把党的十九届六中全会上总结的取得的十三个方面的历史性成就纳入习近平新时代中国特色社会主义思想中，形成“十个明确”“十四个坚持”“十三个方面成就”的内容体系。紧跟时代的发展，将新理论新思想及时地补充到教育活动中，这有助于大学生全面理解和把握习近平新时代中国特色社会主义思想，及时引导大学生学习新的理论知识，让他们在不断更新自己知识库的同时提高自身的政治素养，筑牢大学生的思想根基。同时，高校教育者在开展大学生理想信念教育时，对于党的二十大报告中提到的新论断要在理想信念教育中进行拓展，从而深化大学生思想认知。例如，党的二十大报告对“中国式现代化”的目标、基本特征、本质要求等进行了系统阐释，在开展大学生理想信念教育的过程中要结合“中国式现代化”讲清楚中国共产党在新时代新征程中的使命任务，更好地帮助大学生明确第二个百年奋斗目标，理解全面建成社会主义现代化强国与实现中华民族伟大复兴之间的关系。因此，在大学生理想信念教育中，不能局限于已有的知识内容，对于最新理论成果也要适时融入教育中，全方位、多角度地拓展大学生理想信念教育内容，勉励大学生将学习目标、人生理想同伟大事业结合起来，在理论学习与践行中树立远大理想。

（二）汲取中华优秀传统文化，厚植理想信念教育的文化内涵

习近平总书记强调，“没有高度的文化自信，没有文化的繁荣兴盛，就没有中华民族伟大复兴”①。奋发图强的中华儿女培育和发展了博大精深的中华文化，为中华民族的生生不息和发展壮大提供了丰厚的文化滋养。历史悠久的中华优秀传统文化蕴藏了“克己奉公”“厚德载物”“天行健，君子以自强不息”等正确价值导向，帮助大学生坚定了文化自信的坚实根基，也为奋进新征程注入了强大的思想动力，唱响了“永远跟党走，建功新时代”“请党放心，强国有我”等时代最强音。中华优秀传统文化是中华民族的根与魂，其人文精神、道德理念等对引导大学生向往和追求美好生活具有重要的时代价值，要不断推陈出新、革故鼎新，不断厚植理想信念教育的文化内涵。

（三）践行社会主义核心价值观，丰富理想信念教育的内容体系

为扎实推进社会主义文化强国建设，提升文化软实力，党的十八大报告以“三个倡导”作为加强社会主义核心价值体系建设的新要求，分别对三个层面的内容和目标作出了高度凝练的表达概括。国家层面的价值目标从经济、政治、文化、社会方面描绘了中华民族伟大复兴的宏伟蓝图；社会层面的价值取向立足于对美好社会的追求反映了社会建设的目标与方向；个人层面的价值准则为公民提供了明确的道德规范与行为准则，这三个层面从低到高、从个人到国家，强调了社会主义意识形态的本质属性，这为大学生理想信念教育规定了方向与原则。

习近平总书记在党的二十大报告中指出：“要坚持用社会主义核心价值观铸魂育人，完善思想政治工作体系，推进大中小学思想政治教育一体化建设。”② 社会主义核心价值观作为思想政治教育的重要内容，与理想信念教育中的个人生活理想信念、职业理想信念、道德理想信念及社会理想信念相契合，为“大学生理想信念教育目标的设定提供了观念和方法的指导”③，丰富了其内容体系。

（四）加强“四史”学习教育，强化大学生知史爱党爱国情感

习近平总书记十分重视历史教育在大学生成长成才中的重要作用，多次强调要积极开展党史、新中国史、改革开放史、社会主义发展史教育，发挥历史教科书作用，从中汲取智慧与力量武装思想、坚定理想信念。“四史”阐述了中国共产党百年来不懈奋斗的风雨历程，中华人民共和国成立70多年来由弱到强的艰辛探索，改革开放40多年来我们党不断推进社会革命与自我革命的历史过程，世界社会主义500多年来从无到有、从空想到现实、从衰落到蓬勃兴起的过程，描绘了一代代中国人为实现中国梦勇往直前、顽强拼搏的

① 本书编写组．习近平的小康情怀［M］．北京：人民出版社，2022：23.

② 习近平．高举中国特色社会主义伟大旗帜 为全面建设社会主义现代化国家而团结奋斗［N］．光明日报．2022-10-17（2）．

③ 薛利锋．社会主义核心价值观引领大学生理想信念教育研究［J］．东北师大学报（哲学社会科学版），2016（02）：239-242.

奋斗身影，是大学生理想信念教育的重要内容。

二、创新教育方式，强化理想信念教育实效

在新时代开展大学生理想信念教育的形式日趋多元，但是在高校中还是存在部分教育方式相对单调的情况，为更好地帮助大学生积极参与理想信念教育活动，可以立足实践育人关键环节以促进大学生崇高理想信念的养成，同时善于运用互联网信息技术，为理想信念教育构建网络平台。

（一）立足实践育人关键环节，促进大学生崇高理想信念的养成

辩证唯物论的认识论强调，人的认识是从实践中产生的，经历了由浅入深、从感性认识到理性认识的飞跃。大学生作为担当民族复兴大任的时代新人，仅靠在课堂中对其进行理想信念教育的理论宣讲还远远不够，无法实现理想信念教育的真正作用，还要将理想信念教育融入大学生实践活动中，让新时代大学生在现实的实践活动中真正做到知行合一，在务实践行中锻炼大学生意志品质，帮助他们坚定理想信念，为大学生追求人生目标提供百折不挠的精神动力。

高校要坚持校内小课堂和社会大课堂相结合，把社会“请进”课堂，把学生“带到”社会。一方面，合理利用社会教育资源中的教育基地。社会教育资源中有相当一部分公共教育设施，如纪念馆、博物馆、科技馆、教育示范基地等，蕴藏的理想信念教育资源可供利用，是对大学生开展理想信念教育的重要教育基地，也在教育中发挥重要作用，既可以拓宽教育的途径与方式，又可以提高新时代理想信念教育的效果，是激励大学生热爱祖国、勤奋努力的重要载体。充分发挥博物馆、纪念馆、党史馆等红色场所的教育功能，带领大学生瞻仰革命遗址，让大学生深入了解革命历史，切身感知先辈不易，增加爱国情感认同，进而树立为国家富强和民族振兴而奋斗的崇高信念。另一方面，推动“三下乡”、西部计划等社会实践活动深入开展。高校发挥校内各机关单位、二级学院等相关部门的合力作用，进一步推进校企合作，深化产学研合作模式，加强与社会的联动，为大学生走出校园参与到更多的社会实践中提供机会，帮助大学生在理论与实际相结合中坚定人生奋斗目标，解决大学生在“最后一个缓冲期”内的困惑与迷茫，引导大学生立鸿鹄之志，在实践锻炼中厚植家国情怀。

（二）用好互联网信息技术，构建理想信念教育网络平台

在数字信息化时代，网络技术已成为推动社会发展的重要力量，也为全社会带来了新的发展机遇和挑战，尤其是在面临新冠疫情时，互联网信息技术成为大家生活、工作和学习中必不可少的一部分，也充分体现了网络这一平台对提高教育效率和教育实效的重要性。对于高校来说，在开展大学生理想信念教育的过程中，要打破传统的教育模式，善于运用互联网技术，实现理想信念教育模式的大胆创新，使得高校理想信念教育全方位、多层次地对大学生理想信念产生影响。高校要积极利用新媒体技术，推进线上与线下相结合

的理想信念教育模式。一方面，教师要加大新媒体在课堂中的应用力度，依托信息技术赋能新型教学课堂。进入新媒体时代，教师要结合大学生的“网络化”特征，应打破传统教学模式，转换自身角色定位，充分利用新媒体各平台渠道收集教学资源，以视频、图片等方式生动呈现教学内容，致力于提高大学生的学习热情。同时，教师在借助新媒体为理想信念教育提供丰富多样的教学时，还可以通过制作音频、短视频、微电影等方式设置与理想信念相关的学习任务，在实践中深化理想信念教育的效果。另一方面，学校要积极构建理想信念教育网络平台。网络的快速发展为大学生获取新信息、新知识提供了一个便捷、高效的学习平台，开放的网络让大学生随时随地利用碎片化时间进行学习，高校可以充分利用网络的便利开展线上教育课程，打造“云课堂”，拓展理想信念教育的深度和广度。高校还可以通过校园官方微信公众号、微博、官网、抖音等微平台，定期推送彰显青春力量的主题文章和宣传视频，加大学生对初心使命的感悟，潜移默化中激发学生的情感共鸣，从而坚定大学生爱党爱国的理想信念。

三、优化教育环境，增强理想信念教育合力

对大学生进行理想信念教育离不开高校、社会以及家庭三者之间的相互协同、相互配合，为更好地形成理想信念教育协同育人环境，增强三者之间的教育合力，要不断优化校园文化环境，建设培育理想信念的优良家风以及营造积极向上的良好社会氛围。

（一）优化理想信念教育的校园文化环境

校园文化是学校赖以生存和发展的不竭动力，也是校园文化活动主体经过长期实践积淀形成的物质与精神成果的总和，承载着十分重要的育人功能。同时，校园文化与大学生理想信念教育并非截然分开，而是密切相关、相辅相成的。校园文化作为开展大学生理想信念教育的重要平台，对于增强大学生理想信念教育的亲和力、培养大学生的人格品质、提升大学生综合素养以及帮助大学生明确人生目标具有重要意义。因此，高校可以借助学生社团和校园物质环境这两个校园文化载体，营造理想信念教育的校园文化氛围。

1. 以学生社团为依托，开展有关理想信念的校园文化活动

学生社团是在学校党委统一领导下，“以学生共同的兴趣爱好为基础，以学生的自治管理为运行模式”①，遵守一定规章制度而形成的开展学生群体活动的团体和组织。学生组织形式与活动内容的不断增多，为大学生丰富课余生活提供了契机，也为增强大学生综合能力、培育大学生理想信念提供了重要平台。学生社团作为“第一课堂”的补充和延伸，对引导大学生坚持正确的政治方向、树立科学的“三观”、坚定理想信念等具有重要的教育功能。

2. 优化校园文化环境，潜移默化影响大学生精神追求

一方面，要优化校园物质文化环境。校园物质文化环境是校园文化的载体之一，具有

---

① 王文山．基于学生社团的高校使命教育研究［J］．学校党建与思想教育，2021（16）：77-79.

重要的育人功能。校园物质文化环境涵盖范围广泛，无处不在、无时不有，遍布于校园的各个角落，渗透于大学生的日常生活与学习中，而大学生生活在校园中，对教学楼、图书馆、操场、校园道路等显性环境具有直观感受，校园物质文化环境正是以自身的形象性与广泛性对大学生产生潜移默化的作用，影响着大学生的思想行为方式，塑造着大学生的精神世界。高校要借助校园物质文化开展好大学生理想信念教育。学校可以利用校园展板展示英雄模范人物，在教学楼、校园道路等公共场所张贴与理想信念相关的名言警句，营造积极向上、崇尚奋斗的校园氛围，为帮助大学生树立理想信念注入无声的动力。

另一方面，要加强校园精神文化建设。作为一种隐形载体，校园精神文化是校园文化环境中的核心要素，综合体现着师生的思想状态、价值取向等方面的精神面貌。高校可以强化教风学风建设。“教风学风是高校人才培养质量的根本保证、学术生态的重要基石、社会声誉的直接来源和治理能力的集中体现。”① 教风学风作为校园文化的重要组成部分，反映了一所大学的治学精神、治学态度和治学原则。高校教育者要正确认识教风学风的重要性，弘扬崇高理想，为理想信念教育提供严谨、严格、严明的校园环境。同时，高校可以发挥校训独特的育人作用。校训是一所学校文化的高度凝练，也是作为一种标尺激励着广大师生。高校要积极梳理校训历史、宣传校训文化，用校训文化中的正确价值观引导大学生坚定人生方向。

（二）建设培育理想信念的优良家风

家庭教育对大学生成长成才具有基础性、长久性的影响，家庭教育的方式方法影响其教育功能的发挥，也制约着家庭理想信念教育的开展。解决好目前家庭理想信念教育中存在的问题，家长要深化教育认知、注重言传身教与沟通交流，重视理想信念教育对大学生发展的重要意义，为理想信念教育塑造优良家风。

1. 家长要提高对理想信念教育的重视程度

子女进入大学后，其思想观念、心理发展等对家庭仍具有深深的依赖性，科学、合理的家庭教育能帮助大学生从实际出发，辩证、客观、全面地分析问题和解决问题，在人生困境中坚定奋斗方向、保持对生活的热情。思想是行为先导，行为是思想的表现，家长的教育理念如何直接影响着家长的教育行为。理想信念教育是家庭教育必不可少的一部分，家长对其认识程度影响着子女的发展和成才。因此，家长要不断提高自身的教育水平和教育能力，使家庭教育在培养子女人格素质、树立崇高理想的环节中担好职责。

2. 家长要以身作则引导子女坚定理想信念

言之不文，行之不远。子女的一生都将会伴随着家庭，其父母的言谈、行为及思想道德素养都会对子女产生长久的影响。家长作为子女的第一任老师，要坚持以身作则，用自己的言行为子女做好示范，让子女在耳濡目染中坚守内心的信念。一方面，家长在给大学

---

① 王焰新．严字当头：新时代高校教风学风建设的探索实践［J］．中国大学教学，2021（03）：4-9.

生进行理想信念教育时，要选择好教育时机，在恰当的时间实现对子女价值观的引导，不断厚植子女的家国情怀，引导他们在爱国情的感召下，不断为实现中华民族伟大复兴而团结奋斗。另一方面，家长要坚持以身作则，加强自身的人格修养，不断提高自身的道德修养，厚植爱党、爱国和爱社会主义情怀，以人格的力量激发子女对党、对国家、对社会主义的热情，并将其作为终身矢志不渝的信念。

3. 家长要营造互动交流式的和谐家庭氛围

建立家长与子女之间良好的互动交流，拉近二者之间的距离，是为大学生理想信念教育营造积极向上家庭氛围的重要举措，有利于教育发挥正面熏陶作用。因此，家长要注重与子女沟通的重要价值，加强双方之间的互动交流，为子女健康成长、形成坚定的理想信念产生积极影响。

（三）营造积极向上的良好社会氛围

长期稳定的社会环境有利于为维护国家发展稳定、实现民族复兴提供条件保障，同时也有利于为大学生理想信念教育营造良好的社会氛围。要坚持正确舆论导向、利用好网络媒体、弘扬先进模范人物，帮助大学生站稳政治立场。

1. 发展好先进文化，营造良好的社会文化氛围

优化社会环境，为理想信念教育营造良好的社会氛围，离不开社会文化氛围的熏陶。因此，要加大对社会历史文化资源的整理和阐发，利用公园、街道等公共场所，刻画英雄楷模的雕像、名言警句，打造理想信念文化故事长廊，让大学生走出校园后在社会这个大家庭中仍能接受理想信念教育，在感知先进典型、崇尚英雄的过程中，对自身的思想和行为进行修正，不断树立和坚定崇高的理想信念。同时，要利用优秀文艺作品推广社会主义先进文化。时代在进步，社会在发展，加强文化建设、建设文化强国面临着一系列的机遇与挑战，要充分利用优秀文艺作品独特的价值属性，将社会主义先进文化通过优秀文化产品、影视节目等展现在大众面前，以立体生动的形式让大学生对价值观有着深刻的理解，从而引导大学生树立积极的人生追求。

2. 弘扬好模范人物，增强理想信念教育感染力

大学生在新时代面临全新的发展机遇，肩负民族复兴的重任，需要了解和掌握先进人物事迹中所蕴含的精神内涵，在榜样的感染和示范引领作用下，探寻自己人生的精神追求，并将人生追求化为前行的动力。

一方面，要从时代楷模中选取模范人物。进入新时代，在逐梦两个一百年奋斗目标的过程中，涌现出了一批又一批可歌可泣的先进人物，他们的典型事迹是爱国之心、报国之情、强国之志的映照，对引导大学生坚定信仰具有榜样示范作用。要重视助力脱贫攻坚、乡村振兴、疫情防控、科技攻关等过程中赤诚奉献的典型人物，借助微信、微博、抖音、央视频、电视台、报纸客户端等主流平台，通过宣传视频、直播采访、影视制作等方式讲好榜样故事，以润物细无声的方式净化大学生心灵、锤炼大学生作风，在感悟榜样力量的

过程中坚定信仰信念信心。

另一方面，要从历史英雄人物中选取模范人物。在中华民族发展历程中涌现出了无数英雄人物，他们的精神品格随着时间的积淀已融入中国精神中，深深影响着每一代人。社会相关部门可借助重要节日、纪念日等时间节点，动员社区成员、志愿者等人群，通过宣讲、文艺会演等方式，讲好历史英雄人物故事，让一个个历史英雄人物进入千家万户，形成崇尚英雄的社会氛围，引导大学生在感悟英雄先烈对理想信念坚贞不渝的过程中自觉接受中国精神的洗礼，从而凝聚起砥砺奋进的青春力量。

四、坚持自我教育，补足精神之“钙”

在开展大学生理想信念教育过程中，大学生应在教育者的引导下自觉学习与理想信念相关的理论知识，在学习的过程中不断进行自我反思，“主动接受符合社会要求的思想观念、价值观点、道德规范”①，从而来实现自身道德素养的提升。因此，大学生要坚定马克思主义信仰，保持正确的价值追求；明确自身定位，坚持个人理想与社会理想的辩证统一；主动参与实践活动，提升与中国梦伟大实践相融合的自觉性。

（一）坚定马克思主义信仰，保持正确的价值追求

新时代面临许多具有新的历史特点的伟大斗争，大学生在新时代肩负着历史与时代赋予的使命任务，迫切需要他们孜孜不倦地学习，夯实个人成长的基石，提升理论素养与思想境界，增强自身的认识能力与斗争能力，不断取得新的成就。大学生要坚定马克思主义信仰，从理论学习中认识真理、掌握真理，为坚定理想信念打好基础，为理想信念的自我教育增强信心。

一方面，大学生要以马克思主义理论为科学指南，认真研读马克思主义经典著作，领悟经典著作中的思想精髓，帮助大学生从对马克思主义的理论学习中寻找认识和解决问题的理论思维方式。

另一方面，大学生要自觉进行思维锻炼和理论转化，在将理论联系实际的过程中，理论思维得到锤炼，思维能力水平得到提高，自身视野更加宽广、眼光更加长远，从而加深对我国发展认识的深度和广度，增强其奋勇前进的信心，确保思想之舵在激流勇进中行稳致远。

（二）明确自身角色定位，坚持个人理想与社会理想的辩证统一

作为推动实现中华民族伟大复兴的先锋力量，大学生要明确自身定位，重新审视自己，真正做到了解自己，从而树立理想信念自我教育的意识。一方面，大学生要对自己的能力水平、兴趣爱好、性格特征、人际关系等进行全面、客观的认知与评价，保持对自身清醒的、正确的认识，充分发挥主观能动性与自身潜力。另一方面，大学生要对自身肩负

① 陈万柏，张耀灿．思想政治教育学原理［M］．北京：高等教育出版社，2019：225.

的时代使命有清晰的认知。大学生要明确自己是推动实现中华民族伟大复兴的先锋力量，在用心审视自己、真正了解自己的基础上，制定与自身相适应的目标要求，同时又要立足于社会层面，坚持个人理想与社会理想的辩证统一，实现个人社会价值的最大化，从而在这个伟大的新时代，展现出青春风采与激情的昂扬面貌。

（三）主动参与实践活动，提升与中国梦伟大实践相融合的自觉性

大学生形成正确的世界观、人生观、价值观来源于社会实践，并在社会实践中得到不断发展和深化。一方面，大学生要脚踏实地、崇尚实干，从自身做起、从点滴做起，在实践中放飞青春梦想。大学生作为追梦者和圆梦人，要以务实严谨的作风对待一切大小事，以脚踏实地的态度践行一切大小事，在一步一个脚印中实现人生的远大抱负。

另一方面，大学生要不畏艰难、迎难而上。新时代大学生在为实现中国梦接续奋斗的过程中，会遇到许多“拦路虎”，他们需要勇往直前，不断克服实现理想过程中面临的重重磨难，不轻易退缩与放弃，要锲而不舍、持之以恒，迎接新的伟大斗争。

第三章　新时代大学生劳动教育

劳动是决定一个国家、一个民族引导力和建设力的重要因素，唯有实践才能推动国家的繁荣昌盛。当前，国内改革进入“深水区”，国家未来经济的发展形势和方向集中着力于科技创新和实体创造，引领大学生创造美好生活、推动国家繁荣富强、推进科技创新和社会发展，需要各级机关密切协作，大学生才能真正实现自我价值，发挥积极作用。

第一节　新时代大学生劳动教育的理论阐释

只有对劳动教育相关概念进行清晰界定，明确这些概念的内涵和外延，从劳动教育思想的实践和发展中探索大学生劳动教育理论来源，才能更准确地探究其本质特征和实践意义，为深入研究和实践提供更加准确的指导和支持。

一、新时代大学生劳动教育的概念明晰

（一）劳动

人类社会对于劳动一词耳熟能详，任何人都不陌生，但是对于劳动最本质的概念和含义，不同学者和学派各抒己见。众所周知，越是熟悉的、常见的事物，越是难以具体下定义。在关于劳动的概念总结中，中国社会对于劳动的认识从春秋战国时期到近代社会，都处于不断丰富和发展之中。《庄子・让王》中将土地耕种视为劳动[①]；《三国志・魏志・华佗传》中表示劳动是操作、是活动[②]。无论是从广义还是狭义来讲，劳动都是证明人区别于动物的一种有意识的存在。马克思指出“人的类特性恰恰就是自由的自觉的活动”[③]。他认为人是劳动的动物，劳动是人类的本质活动，是人类和自然、人与人之间关系的基础。人类通过劳动，创造了丰富多彩的物质文明和精神文明，实现了自己的本质。从马克思主义的角度来看，劳动是人类生存和发展的基础，是实现人的本质和价值的重要途径。综上所述，劳动是发生在人与自然界之间的活动，是人类运动的一种特殊形式，是人类为了认识世界和改造世界进行的活动。关于劳动的定义和内涵伴随着时代和社会的发展具有

---

① 裴文波，岳海洋，潘聪聪．高校大学生劳动教育的多维透视［J］．学校党建与思想教育，2019，595（04）：87-89.

② 曲霞，刘向兵．新时代高校劳动教育的内涵辨析与体系建构［J］．中国高教研究，2019，306（02）：73-77.

③ 檀传宝．劳动教育的概念理解——如何认识劳动教育概念的基本内涵与基本特征［J］．中国教育学刊，2019，310（02）：82-84.

新的特征，理解劳动的内涵需要结合时代的发展进行系统分析。

（二）劳动教育

有学者认为，早期的劳动教育主要基于教育和劳动的紧密结合，其根本目的在于保障个体和人类的基本生存，从而实现个人和社会的稳定和发展①。虽然我国已较早开始进行关于劳动教育的学术研究，但是自始至终学术界并没有达成完全共识。有学者认为，劳动教育是培养高素质人才的必要途径，是融德、智、体、美为一体的综合性素质教育活动。也有学者认为，劳动教育是提升学生劳动素养的方式②。通过实践性的劳动活动，对受教育者进行道德教育和品德塑造，帮助其改正错误的劳动观念，培养积极向上的劳动态度，养成优秀的劳动习惯，提高劳动素质，实现个人全面发展和社会价值的最大化。因此，劳动教育是一种教育形式，其核心是通过劳动实践活动，培养学生的实践动手能力、创新精神、团队协作精神、职业道德和责任感等素质。

（三）大学生劳动教育

有学者认为，大学生劳动教育是指高校通过多种形式为大学生提供全方位的劳动体验和培训，以提高其劳动素养和实践能力③。其中，劳动教育的核心在于通过科学知识和技术技能的培训，使学生更好地适应职场和社会的需求。这一过程不仅可以夯实学生的劳动基础，还可以提升他们在职业发展和个人成长方面的竞争力和综合素质④。大学生群体相比于中学生群体明显不同。首先，大学生更加有主见。当代大学生由“00后”组成，成长和生活在科学技术十分发达的当代社会，他们随时通过互联网检索自身感兴趣的知识和内容，并随时在互联网平台发表自身的见解和看法，他们知识面更广、思维方式更加活跃、更加有主见。其次，以自我为中心。当代大学生在“4+2+1”家庭模式中成长起来，从小受到家庭的多方宠爱，对于任何事物爱憎分明，容易养成以自我为中心的性格。最后，乐于接受新事物。相比于父辈的成长环境，当今大学生生活在开放、自由、平等的新社会中，随时随地便可上网检索内容和学习知识，造就了自身对于新生事物极强的接受能力。

（四）新时代大学生劳动教育

新时代的大学生劳动教育相比以往具有新的时代特征，具体表现为全球化、信息化、知识化、多元化、绿色化和人才化。新时代是全球化时代，国际交往和合作越来越紧密，在此背景下，越来越多的国际化和跨文化的元素正在被引入大学生劳动教育中，旨在帮助

---

① 班建武.“新”劳动教育的内涵特征与实践路径［J］.教育研究，2019，40（01）：21-26.

② 胡君进，檀传宝.劳动、劳动集体与劳动教育——重思马卡连柯、苏霍姆林斯基劳动教育思想的内容与特点［J］.国家教育行政学院学报，2018，252（12）：40-45.

③ 刘向兵，李珂，彭维峰.深刻理解新时代加强劳动教育的重大意义与现实针对性［J］.中国高等教育，2018，616（21）：4-6.

④ 檀传宝.加强和改进劳动教育是当务之急——当前我国劳动教育存在的问题、原因及对策［J］.人民教育，2018，795（20）：30-31.

大学生更好地适应和应对全球化的挑战和机遇。新时代是信息化时代，互联网、人工智能、大数据、电子商务、无人应用等技术的普及和发展，为大学生的劳动教育提供了新的方式和形式，如虚拟实验室、在线课程、远程实践等，使得大学生在更广泛的领域和更多的场景中接受劳动教育，信息处理和传递更加便捷和高效。新时代是知识化的时代，知识成为经济发展的重要动力和核心资源，大学生劳动教育必须紧密结合知识创新和知识经济的发展趋势，强调知识产权的保护和知识产业的发展，培养大学生的知识意识和市场意识。新时代是多元化的时代，人口结构、劳动主体构成，人们的生活方式、文化信仰等方面呈现出复杂化的趋势，大学生劳动教育必须适应这种发展趋势，着重培养大学生多方面的能力，如创新能力、沟通合作能力、跨文化交流能力等。新时代是绿色化的时代，在全球环境问题日益突出的背景下，大学生劳动教育必须注重环保和可持续发展，推进教育活动的绿色化和生态化，强调生态文明建设和生态环境保护，推进环境和经济的协调发展。例如近两年有媒体报道，一些大学生热衷于捡垃圾和废品，将其用于手工制作和装饰自己的生活场所，甚至成为互联网上的热门话题。这在过去可能会被视为丢人的行为，但在新时代，它却被赋予了环保、绿色的意义。新时代是人才化的时代，在高等教育大众化的背景下，大学生劳动教育能够使他们在未来的职业生涯中具备更强的竞争力。

二、新时代大学生劳动教育的理论渊源

新时代大学生劳动教育的理论和思想不是无本之木、无源之水，具体来源于对中华优秀传统文化中的劳动教育传承、马克思主义经典作家的劳动教育阐释以及中国共产党人对劳动教育思想的发展。

（一）中华优秀传统文化中的劳动教育传承

首先，中华民族发展历程中歌颂劳动美德的成语谚语数不胜数，其中夜以继日、废寝忘食、披星戴月、吃苦耐劳等优秀品质口口相传、广为人知，与此同时对于好吃懒做、游手好闲、衣来伸手饭来张口等行为加以批判。其次，古代文学作品中大量赞美劳动的诗歌民谣不胜枚举，其中“日出而作，日入而息。凿井而饮，耕田而食”“赖力者生，不赖其力者不生”“布谷飞飞劝早耕，春锄扑扑趁春晴”描绘和见证了古代劳动人民在农耕时代的艰辛与不易。最后，大舜耕田、大禹治水、愚公移山、女娲补天等神话故事充盈了中华民族波澜壮阔的劳动史，体现了古代人民对于劳动的肯定和赞许，象征劳动是创造美好生活的唯一途径。

（二）马克思主义经典作家的劳动教育阐释

马克思认为“劳动创造了人本身”。提出教育和生产劳动相结合的观点是鉴于当时特殊的历史环境，工人阶级在资产阶级的压迫和剥削之下，造成了异化劳动和社会的畸形发展。他认为，劳动是人类生存和发展的基础，是人类社会存在和发展的必要条件，应该贯穿于整个教育过程中。劳动教育的目的是培养人们的劳动技能和劳动习惯，使人们能够更

好地适应社会生产和劳动的需要，同时也可以提高人们的生活质量和社会地位。马克思还提出了劳动教育的原则和方法，他认为，在教育过程中，应该通过自觉地参与劳动活动，培养学生的自我管理和自我教育能力；通过科学的理论和知识的传授，提高学生的劳动素质和科学文化水平；通过合作学习和团队协作，培养学生的集体主义精神和团队合作能力。恩格斯认为劳动是其他社会因素的首要条件。列宁认为要加强教劳结合，达到科学技术发展的要求。列宁的劳动教育思想主要是强调劳动是人类社会发展的动力和基础，是人类对自然界的改造和利用的过程，是人类社会存在和发展的必然要素，也是人类自身发展和进步的必要条件。他认为劳动教育应该贯穿整个教育过程，儿童教育、大学教育、职业教育和成人教育，都应该注重劳动教育，使每一个人都能养成劳动习惯和共产主义精神。

（三）中国共产党人对劳动教育思想的发展

党的十八大以来，党中央结合我国具体实际情况深入分析，通过加强顶层设计和将劳动教育融入高校人才培养体系等一系列方针政策促进劳动教育工作的落实。党的十九大以后，党和国家对大学生劳动教育的提法主要是将其作为落实立德树人根本任务的重要内容，培养社会主义建设者和接班人的重要途径，推进高等教育创新创业的重要手段，促进大学生身心健康发展的重要途径和培养大学生社会责任感和公民意识的重要途径。党的二十大报告提出，培养德智体美劳全面发展的社会主义建设者和接班人，劳动教育首次被写入报告中，再次彰显其在“全面培养人、培养全面的人”中的重要地位。

三、新时代大学生劳动教育的目标、内容、特征

劳动是人生存和发展的最基本要素，有体力劳动和脑力劳动之分，人们通过劳动创造物质财富和精神财富。新时代，劳动教育的价值和实施呈现新特征和新要求，旨在培养具有正确劳动观念、积极劳动态度、基本劳动技能的新时代大学生。

（一）新时代大学生劳动教育的培养目标

新时代大学生劳动教育的培养目标具体表现在培养大学生树立正确的劳动观念、端正积极的劳动态度、拥有基本的劳动技能以及增强时代性的劳动素养。通过这些培养目标的实现，新时代大学生劳动教育能够将大学生的思想观念、实践能力、社会责任感和人文素养全面提升，使其成为既有理论素养又有实践能力的全面发展的人才。

1. 树立正确的劳动观念

高校教育对于大学生劳动观念的培育具有理论意义和实际的应用价值。人类的劳动形态处在不断变化的演进过程之中，人工智能时代，劳动形态也发生了巨大的变化。

新时代的劳动教育具有更加显著的脑力劳动和体力劳动相结合的特征，例如，随着科技的不断发展，脑力劳动在各行各业、各个工种中的比重不断增加，这也推动了新的劳动形态的形成。因此，我们需要秉持“脑体结合”的原则，通过脑力劳动和体力劳动的相互结合，寻找平衡点。

因此，新时代大学生劳动教育的目标之一便是培养大学生树立正确的劳动观念，意识到只有辛勤劳动才能缔造幸福生活和光明前途，实现自身的德智体美劳全面发展。青年大学生只有通过劳动锤炼自身意志品质、提高创新能力，以创造性的劳动为国家和全人类作出贡献，才能胜任时代赋予的职责与使命。

2. 端正积极的劳动态度

劳动态度是指在从事劳动过程中所表现出来的态度和行为，包括对待工作的认真程度、劳动积极性、工作责任心、职业道德等。大学生的劳动态度直接决定劳动出发点、劳动目的以及劳动成果。高校教育者应对大学生劳动态度进行有目的、有方向、因材施教的干预和引导，培养其积极的劳动态度。

3. 拥有基本的劳动技能

劳动技能教育是为了让大学生在日常生活中和生产技术领域内掌握必要的知识和技能，成为具备生产能力的社会主义劳动者，满足社会对劳动人才的需求，提高自身的生活幸福感。一方面，引导大学生具备基本生存技能。如烹饪技能、手工制作技能、交通工具驾驶技能等。另一方面，培育大学生具备专业劳动技能。如互联网赋能下的计算机操作技能、数据分析技能、远程协作技能以及独立学习能力。新时代我国新的历史方位决定了我国人才培养的侧重点在于建设一批拥有扎实专业知识、基本劳动技能、高尚劳动素质的劳动者队伍。高校应以培养人才为基点，充分把握社会需求和学生实际情况，重点培养大学生走出校园走向社会所需的基本技能，强化大学生对专业的自信心和自豪感。

4. 增强时代性的劳动素养

新时代是互联网科技迅猛发展的时代。随着计算机技术、网络技术和移动通信技术的不断发展以及人们生活水平的提高和社会变迁，人们对信息的需求越来越强烈，使其成为日常生活中不可或缺的一部分。因此，新时代劳动教育的目标之一便是增强大学生时代性的劳动素养。

新时代的劳动素养包括数字和信息素养、学习和创新能力。一方面，增强大学生数字和信息素养。这一目标旨在培养大学生掌握基本的计算机操作技能，熟练地使用各种软件、工具和网络技术，能够有效地收集、处理和利用信息，并学会使用各种工具和技术来处理和分析数据，具有较强的信息检索、筛选和运用能力。另一方面，增强大学生学习和创新能力。这一目标旨在培养大学生具备自主学习意识、创新思维和实践能力，能够快速接受新技术、适应新环境，及时发现并解决问题，提高未来工作的效率和质量。现如今，无论哪一产业领域的发展，都离不开互联网技术的加持和辅助，数字化、智能化办公深入各行各业。因此，身为高校教育者，要重点培养大学生增强适应时代发展的劳动素养，引导其持续学习，不断提升自身的能力和素质。

（二）新时代大学生劳动教育的基本内容

新时代大学生劳动教育的基本内容是多方面的，具体包括劳动价值观、劳动教育观、

劳动精神观和劳动幸福观，旨在通过价值层面和精神层面的引导，增强大学生的综合素质和实践能力。

1. 劳动价值观

作为推动国家富强、民族振兴、社会进步和个人成长的力量源泉，劳动是人类社会发展不可或缺的重要因素。无论是国家的经济发展、社会的和谐稳定，还是个人的身心健康和幸福感，都需要劳动作为支撑。新时代劳动价值观具有新的特征，具体体现在以创新为核心、以尊重劳动和劳动者为基础、以绿色发展为导向、以共享共赢为目标。

新时代大学生劳动价值观的核心是创新。在新时代，科技日新月异，社会经济快速发展，创新已成为引领社会进步的关键力量。培养创新人才要求大学生在劳动中不断创新、不断进步，推动创新创业教育的开展和创业精神的培养，更能为社会发展带来新思路、新技术、新产品等方面的贡献。新时代大学生劳动价值观的基础是尊重劳动和劳动者。劳动是人类的本质需求、是社会的中流砥柱，也是一种尊严和荣誉。一方面，大学生应该从内心深处尊重劳动，认识到劳动对于个人和社会的意义和价值，是国家和民族发展的基石；另一方面，大学生应该尊重劳动者，认识到劳动者的重要性和贡献，不仅要从尊重的角度出发，更要从实际行动上支持和帮助劳动者。新时代大学生劳动价值观的导向是绿色发展。绿色发展是建设美丽中国的战略目标，是可持续发展的基础，是生态文明建设的关键，是培养创新能力和环保意识人才的保障。大学生应该在劳动中倡导绿色发展理念，从源头上减少污染和浪费，推动可持续发展和生态文明建设。只有积极推动绿色发展，才能实现经济、社会和环境的协调发展。新时代大学生劳动价值观的目标是共享共赢。共享共赢是实现社会公平正义的基础和保障，是推动社会和谐稳定和高质量发展的必要途径，大学生应该在劳动中倡导共享共赢理念，推动资源共享、知识共享和机会共享，推动资源配置的优化和效率的提高，实现社会公平正义。

2. 劳动教育观

随着全球化的不断深入和国内改革步入深水区，各国之间的竞争日益激烈。在此情况下，高素质人才的竞争成为决定国家发展和竞争力的关键因素。只有拥有高素质的人才，才能更好地适应和引领时代的发展，推动国家和民族的繁荣进步。新时代劳动教育观的培育相比于以前具有新的内容和特征，具体体现在以全面发展为目标、以实践为基础、以创新创业为核心、以社会实践和志愿服务为手段。

新时代大学生劳动教育观的目标是全面发展。全面发展是人类社会发展的根本目标，是经济社会全面发展的基础和保障，是每个人的内在追求。新时代大学生劳动教育观的基础是实践。劳动教育是一种实践性的教育，只有通过实践才能真正地掌握劳动技能和知识，提高劳动素质和能力。与此同时，实践可以促进思考和反思。通过实践，大学生可以深入了解社会和劳动的实际情况，理解社会再生产的规律，培养批判性思维和创新能力。新时代大学生劳动教育观的核心是创新创业。随着经济的转型升级，创新创业是推动经济发展的重要力量，加之就业是大学生最关心的问题之一，大学生应该在劳动中培养创新创业的精神和能力，为经济转型和自身作出更多贡献、提供更多选择。新时代大学生劳动教育的手段是社会实践和志愿服务。引导大学生深入社会实践，了解社会现实和社会需求，能够增强大学生的社会责任感和劳动意识。

3. 劳动精神观

人无精神不立，国无精神不强。实践行为需要意识和精神作为引领，习近平总书记根据新时代新视点赋予劳动精神新的时代内涵。从主观方面来讲，劳模精神、劳动精神、工匠精神是中国优良传统和时代精神的重要体现，蕴含着深厚的爱国主义情感和改革创新的精神内涵。这些精神的力量不仅鼓舞着全党全国各族人民不畏艰险、不断前进，也成为推动国家发展和民族繁荣的重要力量。只有秉承并发扬这些精神，才能不断创新创造、勇攀高峰。从客观方面来讲，为了适应新时代的发展需求，我们需要培养一支富有知识、技能和创新能力的劳动者队伍，强调劳动模范和工匠精神的影响力，树立尊重劳动和追求卓越的职业精神。我们需要在全社会营造尊重劳动和推崇创新的氛围，让人们认识到劳动是一种美德，创新是一种追求，并且让每个人都有机会发挥自己的才能，实现自己的价值。这样，我们才能实现美好的愿景，让每个人都能够充分展示自己的能力，为社会的发展作出贡献。

劳动精神是人民群众智慧的结晶，是劳动实践的直观体现，在实践中不断完善。劳动精神的产生是现实层面劳动实践的主观反映，又通过意识指导大学生投身社会主义实践，推动马克思主义劳动观的不断完善和中国特色社会主义的蓬勃发展。

4. 劳动幸福观

劳动创造人类社会的物质资料生产和精神文明进步，是大学生追求幸福生活的必经之路。劳动幸福是指通过劳动实现自我价值和人生意义所带来的幸福感受。在现代社会，劳动已经不再是一种单纯的生产手段，而是人们实现自我价值和人生意义的重要途径。

首先，幸福需要劳动。党的十八大以来，党中央在政治、经济、文化、社会和生态方面致力于追求改善民生，提高人民群众幸福感，是党执政兴国的出发点和落脚点。通过劳动，人们可以获得物质财富和精神满足，并且可以展示自己的才华和能力，从而增强自信心和自豪感。同时，劳动也是人们与社会交流和互动的重要方式，可以帮助人们建立起人际关系和社会网络，为自己的未来发展打下坚实基础。其次，幸福不会从天而降。上至国家富强和民族振兴需要党和国家带领全体人民投身劳动，下至大学生实现个人发展和生活幸福需要踏实肯干，劳动是实现幸福的唯一途径和必由之路。实现国家富强和民族振兴需要全体人民投身于劳动，只有树立正确的劳动观，发扬劳动精神，才能积极参与到劳动实践中去；只有通过不断的劳动实践，才能创造出更多的财富和价值，实现自身的价值和幸福。最后，劳动创造幸福。实现幸福的道路上，劳动是不可或缺的重要因素。中国共产党建党百年来取得的历史成就，都凝聚着全体中华儿女踏实劳动、辛勤付出的汗水和心血。

只有通过实实在在的劳动实践，才能创造出更多的财富和价值，推动国家和民族的繁荣发展。在实现中国梦的道路上，也需要提高自己的能力和素质，只有实干才能托起中国梦。

（三）新时代大学生劳动教育的显著特征

新时代大学生劳动教育在文化传承、理论育人和通识教育中不断发展和完善，显著特征表现在历史性与时代性相统一、理论性与实践性相统一以及普遍性与特殊性相统一。

1. 历史性与时代性相统一：在文化传承中与时俱进

历史上任何时期教育行为的开展都具有一定理论意义和现实意义，教育不是无根之木，不会凭空产生，因此，不同历史时期的教育行为、教育方针政策以及教育具体实施举措都具有一定的历史性和时代性。与此同时，新时代大学生劳动教育，具有历史性与时代性相统一的显著特点。历史性为大学生劳动教育活动的开展提供历史来源和理论依据，时代性为大学生劳动教育活动的开展赋予时代特征。只有将历史性与时代性相统一，才能使教育更具有说服力、更深入人心。

所谓历史性，指的是新时代大学生劳动教育具有历史传承的特征。从马克思、恩格斯等经典作家对于劳动和劳动教育的相关论述来看，劳动教育相关理论具有深刻的历史来源。马克思通过全面梳理和研究西方资本主义发展史，大量翔实的历史资料阐述了西方资本主义的发展历程，指出资本主义剥削压迫的本质，也论述了劳动带领人民发展科技、提高生活，是国家发展和社会进步的根源所在。

所谓时代性，是指大学生劳动教育也需要适应新时代的特点和要求。新时代有新的历史方位、新的发展理念、新的发展格局、新的社会主要矛盾、新的改革任务、新的全球治理观以及新的思想意识形态。因此，必须紧跟时代步伐，高度重视劳动教育工作，并加大投入力度，提高教育质量，为实现中华民族的繁荣富强而不懈努力。

综上所述，在劳动教育方针的制定以及政策的落实中需要兼顾历史传承和时代特征两个因素，历史性为劳动教育提供理论来源，时代性为劳动教育赋能新特征。

2. 理论性与实践性相统一：在理论育人中践履笃行

理论和实践在科学与真理中是相辅相成、相互关联、缺一不可的两个要素，理论来源于实践总结，实践总结形成理论指导新的实践。

所谓理论性，指的是劳动教育在中国大地几十年的蓬勃发展，产生了一系列具有较强理论性的学术成果。教育工作者应使用科学有效的方法对大学生进行引导，无论是马克思主义劳动观的丰富发展，还是中国共产党人结合国情、党情和世情的理论发现，在进行劳动教育的同时，应充分结合当今学界对于劳动教育新的思想观点，用更加科学有效的理论指导实践。

所谓实践性，指的是新时代大学生劳动教育的开展和落实不应局限于理论层面，理论的发展最终是为实践而服务。劳动不仅是一种理论知识的学习，更是一种实践能力的培养。通过劳动，人们可以学习理论知识并将其应用于实践，将抽象的知识转化为具体的实践技能，从而提高自己的实践能力和应对实际问题的能力。同时，劳动还具有实践性和实用性的特点，即所学的知识和技能可以直接应用于生产和生活实践中，为社会和个人创造价值。

综上所述，理论层面的学术发展究其根本是为了促进实践的落地生根，实践经验的总结和发展则可以丰富劳动教育的理论成果。如果对于劳动教育的认识和了解仅仅停留在理论层面而不付诸实际行动，便难以获得真正的成效。无论是什么样的理论成果，只有在实践中得到了应用和验证，才能够被认为是真正的科学成果。

3. 普遍性与特殊性相统一：在通识教育中因材施教

普遍性和特殊性在新时代大学生劳动教育中是对立统一、不可分割的两个要素，普遍性为大学生劳动教育的理论成果丰富以及实践经验总结提供普遍经验，特殊性又将新时代大学生劳动教育的开展实施提供具体问题具体分析的选择。

所谓普遍性，指的是新时代大学生劳动教育无论地区、年级的差异，教育工作者都应该利用新的理论成果，结合马克思主义劳动观和习近平新时代中国特色社会主义劳动观进行理论教学和实践指导。所谓特殊性，指的是大学生群体是由不同年级、不同年龄、不同地区和不同专业的青年人组成，对于这一庞大的学生群体，劳动教育过程中也应该因材施教、因地制宜。将大学生群体分为不同的年级，针对不同年级进行劳动教育。

首先，大学一年级的学生是从高中教育经历高考进入大学的新生，无论是课程和专业设置，还是日常生活的安排，都需要一个大踏步式的改变和全新的适应。针对大学生劳动教育的特殊性，应对大学一年级新生进行日常劳动引导，如参加社会实践和志愿服务活动，进行宿舍卫生、公共场所维护等。其次，相比于大一新生的懵懂迷茫与大四学生面临的毕业和就业压力，大二、大三是时间最充足的阶段。因此，对于大二、大三年级学生，应该指导其用课余时间投身劳动实践，引导学生广泛参加实践活动，巩固其正确的劳动价值观。最后，大学四年级的学生站在升学和就业的分岔路口，面临人生新的抉择，要引导他们树立正确的就业观、择业观。通过结合大四学生的就业状况，引导和鼓励他们参与专业实习，在学校期间完成实习阶段的锻炼和考察，毕业直接进入正式员工阶段，为全职工作进行心理建设和内容铺垫。

综上所述，在开展大学生劳动教育时，教育工作者需要充分掌握这一特点，将普遍性和特殊性相结合，制订符合大学生群体实际情况的教育方案。这样才能更好地引导大学生群体树立正确的劳动观，激发其劳动热情，提高其劳动技能。

第二节　新时代大学生劳动教育的现状分析

当前，大学生劳动教育的内容不再局限于简单的体力劳动，而是涵盖了知识劳动、技能劳动、服务劳动等不同类型的劳动。同时，劳动教育的内容也逐渐扩展到了创新创业、社会责任、公益服务等方面。与此同时，教育的方式不再局限于传统的劳动实践和劳动竞赛，而是逐渐采用社会实践、志愿服务、科技创新、课程设计等多种方式，同时也借助互联网和移动终端等新技术手段，拓展了教育的渠道和方式。尽管大学生劳动教育在内容、方式和效果等方面均有显著提升，但也存在一些问题和挑战。

一、新时代大学生劳动教育取得积极成效

由于党和国家对于大学生劳动教育的高度重视和强有力措施，当前大学生劳动教育取得一些积极成效，具体表现在劳动教育形式更加丰富多元、劳动教育受到社会各界持续重视以及劳动教育积极运用新技术新成果，在理论和实践层面推动了大学生劳动教育的发展和完善。

（一）劳动教育形式更加丰富多元

当前，高校劳动教育开展形式具体表现为机制构建更加合理有效、实践活动形式多种多样、志愿服务型劳动稳步开展。

首先，在机制构建上，多数高校通过整合育人资源、丰富育人载体、拓展育人路径、营造育人环境，探索打造新时代大学生劳动教育新模式，如北京邮电大学建立劳动教育领导机构，持续优化劳动教育体系的建设；华东师范大学成立体美劳教育工作推进委员会，统筹推进相关工作；天津大学加强宏观指导，出台劳动教育改革方案和实施方案，推动劳动教育落地落实。

其次，在实践活动中，让学生走出校园，参与社会实践活动，了解社会文化、行业现状等，增强劳动适应能力。如北京邮电大学在校内成立“一米菜园”劳动教育实践基地，并招募认养团队，着重为学生提供一个锻炼实践能力的平台，北京邮电大学还依托学校定点帮扶贵州长顺县工作，建立校外劳动教育实践基地，规划设计特色课程，通过打造劳动教育研学体系，培养学生诚实守信、吃苦耐劳、乐于奉献的劳动品质；武汉大学组织开展学生创新竞赛，以社会实践、科技创新赛事为抓手，将劳动教育融入科创训练，让学生在劳动中创新思维、提升技能，着力形成以赛促学、以赛促创的劳动育人模式。

最后，在志愿服务中，高校通过假期组织学生走出校门参与志愿服务、大学生支教团以及“三下乡”等活动，增强大学生对劳动的尊重和感恩之心。东南大学积极构建志愿服务育人体系，探寻“志愿服务+专业特色”的教育模式；东北大学党员志愿服务队秉持自我奉献的初心，有效凝聚学生党员的力量，积极投入志愿服务活动，用一言一行、一举一动树立文明进取的党员形象，培养党员的服务意识和奉献精神。

（二）劳动教育受到社会各界持续重视

在国家层面，2023 年全国“两会”上，全国政协委员杨承志强调劳动教育关乎青年成长和民族复兴，要在劳动教育中培育时代新人。在各地政府层面，2023 年 2 月，广西壮族自治区利用本地特色文化资源，开设手工、园艺、民族工艺等劳动课程，以“一校一品一特色”的形式构建独特的劳动教育格局；2022 年 11 月，辽宁省积极发挥学校的主导作

用，针对不同学段的学生进行针对性培养；2022 年 8 月，吉林省通过一体化设计、统筹推进，不断丰富资源、创新模式、健全机制着力构建完善的劳动教育体系；2022 年 5 月，湖北省要求各学校开齐开足劳动教育必修课程，有序安排劳动教育内容，注重培养学生日常生活劳动习惯；2021 年 11 月，河南省强调要配足配齐劳动教育教师，着力推进劳动教育的普及和深入；2020 年 10 月，天津市着力构建大中小学一体化劳动教育体系，实现各学段之间的有机衔接，强化普通高校劳动教育。在高校专业设置层面，2022 年 3 月，中国劳动关系学院和天津职业技术师范大学成立劳动教育本科专业，重点培养高素质应用型、复合型、创新型人才。

（三）劳动教育积极运用新技术新成果

2020 年 3 月，《关于全面加强新时代大中小学劳动教育的意见》强调劳动教育要体现时代特征，劳动教育的教学和落实拥有了互联网新技术的特殊赋能。

一方面，高校劳动教育网络课程借助互联网科技的发展应运而生。2021 年 10 月，江苏师范大学在网络教学平台开通劳动教育课程，规定学生要在一定时间内完成学习任务，以取得相应的学分，学习内容包括在线视频课程和章节测验。2022 年 2 月，东北石油大学发布关于 2021 级本科生大学生劳动教育理论课程及考核的通知，将劳动教育的课程地位确立为学校必修课，采用“线上自主学习+线下授课”两种方式进行教学，学习成绩综合线上线下考核结果而定。2023 年 4 月，湖北第二师范学院下发通知要求 2023 级学生学习劳动教育线上课程，并强调劳动教育在人才培养计划中的特殊地位，规定本次未完成该课程的学生将在大四学年重修。劳动教育的重视程度相比以往提升到了新的高度，形式更加兼具网络化和科技化。

另一方面，互联网课程平台如中国大学慕课（MOOC）、网易公开课、智慧树网等上架了劳动教育相关课程。在这些网络课程平台官网上检索“劳动教育”四个字，相关课程多达几十种。如南京大学的大学生劳动教育课程、扬州工业职业技术学院的国家精品课程劳动教育、江西师范大学的劳动教育概论课程等。在新时代背景下，高校劳动教育乘着互联网科技发展的“东风”，为大学生参与劳动教育扩展选择面，增加了更多的可能性。

二、新时代大学生劳动教育现存问题

当前，新时代大学生劳动教育工作的开展面临许多新的挑战，如教育内容不够实际、课程设置不完善、投入不足、缺乏有效的评价体系、学生参与热情不高、劳动时间不足等问题，具体表现在高校教育中被弱化、在家庭教育中被淡化、在社会教育中被功利化以及在专业教育中被工具化的现实问题。

（一）在高校教育中被弱化

近年来，各地各高校认真贯彻落实中央精神，坚持立德树人根本任务，将劳动教育纳入人才培养全过程。但当前我国高校劳动教育体系中仍存在一些现实问题，具体表现为课程设置、师资资源、考评机制以及网络教育方式。

第一，部分高校课程设置不合理。根据教育部规定，高校可以在现有课程中添加劳动教育内容，也可以专门设立劳动教育课，不少于32学时。但是当前一些学校课时量较少，使得实际成效难以达到。此外，教育部还强调，劳动教育的关键环节包括讲解说明、实践操作、项目实践、交流反思、榜样激励等，但一些学校的劳动教育仅停留在课堂内，以传统的灌输方式进行教学，无法激发学生的学习兴趣和热情。

第二，部分高校专业师资力量缺乏。教育部提出了明确劳动教育负责人、配齐劳动教育必修课教师并保持教师队伍的相对稳定性的要求，但当前部分高校通常由辅导员和行政工作者承担劳动教育的主要任务。由于这些老师分别有其他本职工作，因此时间和精力上很容易造成对劳动教育的忽视，培育效果大打折扣。另外，部分高校缺乏专业的劳动教育教学资源。教育部指出要丰富和拓展劳动实践场所、健全经费投入机制。劳动教育场所根据劳动性质可区分为实践型场地和服务型场地，部分高校教育场所在硬件设施和软件支撑上得不到保障。加之经费投入直接决定劳动的持续性和连续性，教育教学资源的紧缺和不足制约了高校劳动教育的顺利开展。

第三，部分高校考评机制缺位。教育部提出要进行纪实评价，加强育人导向和反馈改进的功能，有助于提高劳动教育的效果。但当前部分高校考评机制设置和实施的程度不够，没有将合理有效的评价机制和评价结果作为学生升学就业的重要考量，导致很难准确把握大学生劳动教育的培育成果。

第四，部分高校网络教育方式开发不充分。教育部指出要利用网络媒体、网络教研等方式开展工作。网络教育方式指的是利用互联网技术和平台进行教学活动的方式，也被称为在线教育或远程教育。它是一种基于互联网的教学模式，通过网络平台和工具，实现师生之间的远程交流和学习。网络教育方式的特点在于灵活性、互动性和可访问性，能够突破时间和空间的限制，实现远程学习和在线学习。当前，一些学校进行资源整合，开发在线课程、教学视频、在线测试和考核等多种形式，但总体发展态势较为缓慢，没有较好利用互联网科技。

（二）在家庭教育中被淡化

家庭教育是教育的开端，是大学生成长成才的第一课。家庭教育和学校教育、社会教育相辅相成，共同促进新时代大学生的发展进步。但在当前家庭教育中，新时代大学生劳动教育呈现被淡化的倾向。

一方面，部分家庭片面地认为孩子的首要目标和主要职责是学习知识，将一部分传统劳动如基本家务、整理房间、垃圾清扫等视为文化课学习的负担，这种思想观念的负面影响导致新时代大学生劳动教育的成效和功能难以有效发挥。

另一方面，一些家长对孩子的劳动过程缺乏关注，没有时间和精力去关注孩子的劳动过程，也不会给予孩子必要的指导和帮助。出于对孩子本能的照顾和爱护，很多父母舍不得孩子吃苦受累，不会督促孩子培养基本的劳动观念、强化劳动实践。一些家长过度保护孩子，不让孩子接触危险和困难的劳动任务，导致孩子缺乏锻炼勇气和毅力的机会。

（三）在社会教育中被功利化

随着我国市场经济的蓬勃发展、对内改革的力度不断加大、对外开放的步伐逐渐加快，新时代是人工智能、知识经济的时代。科学技术的革新和经济文化交流的深入，不仅开阔了大学生视野眼界，带给大学生更加方便快捷的知识获取方式，也在一定程度上带来了一些负面影响。

一方面，当今社会出现轻视体力劳动的现象。实际上，无论是体力劳动还是脑力劳动，其最终落脚点都是为了追求美好生活，应该在实践探索过程中将二者充分结合，强化劳动观念、增强劳动本领。

另一方面，不良社会风气影响大学生正确劳动价值观的形成。教育部指出要反对一切不劳而获、崇尚暴富、贪图享乐的错误思想，但部分大学生片面地追求低付出高收入的“理想”工作，忽视了劳动的真正内涵以及对人生的重大意义。

（四）在专业教育中被工具化

工具化是指将某种事物或活动视为一种工具，只注重其实用性，而忽略其内在的价值和意义。在专业教育领域中，部分大学生只注重专业培养的实用技能和就业能力，而忽略自身的人文素质和综合能力的提高。在工具化的受教育过程中，学生往往只是被灌输知识和技能，缺乏自主思考和创造力，导致自身的教育质量和全面素质得不到充分的发展。

现实生活中，大学生在求学填报志愿的选择上，倾向于毕业就有高薪工作的专业。在我国基础设施建设快速发展时期，土木工程、建筑类等相关专业报考人数较多，而在互联网迅猛发展的今天，计算机科学与技术、网络工程、信息科技等专业受到大多数学生的热捧。为了提高就业竞争力，许多大学生将劳动教育和实践活动仅作为一种就业技能培训，忽略了劳动教育的人文价值和社会意义。

三、新时代大学生劳动教育的问题分析

鉴于劳动教育尚有在高校中被弱化、在家庭中被淡化、在社会中被功利化以及在专业教育中被工具化的现存困境，着重分析高校、家庭、社会和个人四方主体在新时代大学生劳动教育中的角色和作用，发现高校实践活动的相对缺乏、家庭劳动观念的偏差理解、社会消费主义的剧烈冲击以及劳动者的价值观参差不齐是大学生劳动教育问题的根源。

（一）高校实践活动的相对缺乏

高校实践活动包括实习、模拟实践、社会实践、创新创业、学科竞赛、学术研究、实践课程等，但当前部分高校实践活动的开展没有多点开花。长此以往，导致高校缺乏充足的实践活动，具体表现为：学生缺乏实践经验、实际技能，以及缺乏与社会的联系。

首先，学生缺乏实践经验。很多大学生在校期间没有参加过实习、兼职等工作，没有在实际工作中锻炼自己的能力和技能，缺乏实践经验的同时往往也缺乏社交经验和自信

心，不知道如何与他人沟通、协作、解决问题等。其次，学生缺乏实际技能。比如制作简历、参加面试、开展市场调研、撰写报告等，这些技能是学生将来步入职场所必备的基本技能，缺乏这些技能会影响学生的就业竞争力，使得学生们的学习成果难以转化为实际生产力。最后，学生缺乏与社会的联系。这些问题的存在，不仅会影响学生的学习和发展，也会影响高校与社会的交流与合作。因此，高校应该加强实践教育，提供更多的实践机会，让学生们能够更好地将所学知识与实际应用相结合，为未来职业发展打下坚实的基础。

（二）家庭劳动观念的偏差理解

劳动观念是指一个人对劳动的认识、态度和价值取向，它反映了一个人对劳动的态度和行为方式。新时代大学生的劳动教育受到来自家庭多因素的影响，具体表现为劳动的重要性和社会责任。

一方面，正确认识劳动的重要性是创造财富和价值的途径，是个人实现自我价值和社会发展的重要手段。随着社会的发展，部分家长认为自己孩子接受过高等教育就不应该从事低端工作，应该从事知识型工作或者追求高收入的职业。这种观念的存在，导致一些家庭不再把热爱劳动视为一种重要的价值观念。另外，一些家庭面临着各种压力和挑战，如工作压力、经济压力、竞争压力等，很难抽出时间和精力培育孩子基本的劳动技能和方法，如做饭、洗衣、打扫卫生等基本生存技能。

另一方面，家庭劳动教育和社会责任是密不可分的，两者之间相互促进。家庭劳动教育可以培养孩子正确的劳动观念和社会责任感，使他们养成关注社会问题、为社会作出贡献的习惯，但当今部分家长忽视对孩子社会责任感的培育，例如缺乏关注社会问题的意识、忽视公共利益、缺乏参与公益活动的意愿、忽视社会规则和法律的重要性等，不利于新时代大学生养成良好的劳动观念。

（三）社会消费主义的剧烈冲击

消费主义是一种价值观和生活方式，强调个人的消费和物质享受，它认为消费和购买物品可以带来快乐和满足感。它以购买力和消费水平来衡量一个人的社会地位和价值，这会导致一些大学生出现拜金主义和享乐主义的倾向。具体表现为互联网的发展、消费品种类的增加、社会竞争压力的增大等。

首先，互联网、人工智能、大数据技术的发展丰富了当代大学生的购物方式，相比于线下购物和传统电商平台（如淘宝、京东等），微博、抖音、豆瓣、小红书等App相继成为“种草”“安利”“测评”“带货”的主战场。大学生可以接收来自各个平台的“好物推荐”，甚至超出自身消费需求和消费能力，沉迷物质消费、追求物质享受，崇尚不劳而获或少劳多获，对于生活态度、学业进步、事业发展产生剧烈冲击。其次，在现代社会中，消费品种类越来越多，消费方式也越来越多样化，这使得大学生有更多的选择和机会去满足自己的物质需求和享受需求，互联网科技催生了“网红”的出现，不少新媒体用户

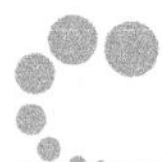

热衷“买粉”和“涨粉”，因为粉丝数量达到一定额度可以接广告“带货”，由此细分出“美妆博主”“美食博主”“家居博主”等，极易导致大学生盲目消费和冲动型消费。最后，现代社会的竞争越来越激烈，许多大学生面临学业、就业压力和生存压力，他们认为通过消费和物质拥有可以缓解这种压力，这也会导致一些大学生“报复性消费”，出现盲目追求物质和享受的倾向。

（四）劳动者的价值观参差不齐

劳动者的劳动价值观是指对工作和劳动的认知和态度，具体表现为尊重劳动、重视劳动、热爱劳动，认为劳动是一份光荣的事业，是社会发展和个人成长的重要途径。新时代，大学生的劳动价值观应该是积极向上的，既要为自己的学业和事业作出贡献，也要为社会的发展和进步作出贡献。但当前，劳动者的价值观参差不齐，具体表现为社会价值观念单一和受现实经济利益的驱动。一方面，大学生劳动价值观念单一，缺乏人文关怀，对于文化、艺术、历史等方面的知识和价值缺乏兴趣和认知，导致当前部分大学生价值观念趋向功利主义，这种价值观念会影响大学生的学习态度和目标。另一方面，受到现实经济利益的驱动，许多行业对于技术和实用性的要求较高，大学生在专业学习中只学技术以应对就业市场的需求，在选择职业时往往会考虑到该职业的薪酬待遇和就业前景等经济利益，很少关注专业技能背后的理论和文化内涵，忽视了自身兴趣和发展方向等因素。这种经济利益导向会导致大学生的思维和行为方式受到限制，影响劳动价值观的培育和个人的全面发展。

四、新时代高校劳动教育存在问题的成因

在发现现存问题的基础上，我们要进一步分析问题背后的成因。新时代高校劳动教育价值导向不明确、课程体系不健全、实践资源开发不充分、保障机制待完善，这些是限制劳动教育发展的原因。

（一）劳动教育价值导向不明确

加强新时代高校劳动教育首先要准确把握政府文件精神、结合时代内涵，发展积极正确、有生命力的教育。然而，高校劳动教育近年来一直未能彻底摆脱形式化的倾向，究其原因是对新时代高校劳动教育的价值导向把握不准确。

第一，缺乏对个人需求价值导向的把握。实现学生的全面发展是劳动教育的重要目标。劳动是人生存的内生需要，在新时代发展的潮流中，劳动更是人人主动实现个人价值的主要途径。然而，当前高校忽视学生的内生需要，将劳动教育简单理解为开展必修课，过度依赖学分和综合测评管理，较难使学生通过劳动教育感受到劳动之美，从而违背了劳动教育的初衷。

第二，缺乏回归生活的实用价值导向。通过与教师访谈得知，目前大部分高校大张旗鼓地开展劳动教育，宣传劳动教育，但劳动实践的形态大同小异。甚至有部分学校在规划

时只把特有的几种劳动看作劳动教育，缺乏合理的设计，或者过度追求高大上的专业劳动，或者停留在打扫卫生等服务性劳动，而诸如烹饪家务等生活劳动并没有得到重视，使得劳动教育脱离了生活本质。此外，学生从劳动教育中获得的收获有限，其实用价值没有得到体现。

第三，缺乏与时俱进的时代价值导向。新时代高校劳动教育蕴含着丰富的时代内涵。社会不断发展变化，劳动教育也要与时俱进，如果永远将目光停留在过去或者现成的经验上，就会导致劳动教育刻板僵化。当前，我国劳动教育的相关理论研究与实践刚刚起步，尽管在理论研究方面取得了一定成绩，也开展了不少的劳动实践活动，但劳动教育理论和实践的结合尚不成熟。

（二）劳动教育课程体系不健全

新时代高校劳动教育课程体系在教学实践中起着重要的支撑作用，它既包含了劳动教育本体课程的开发，还包含了与其他课程的融合，只有将两者协调统筹，才能建立起完整的劳动教育课程体系。

第一，劳动教育本体课程开发不充分。劳动教育必修课是当前高校劳动教育的重要依托。然而作为劳动教育主体的必修课，在内容、形式等方面仍不够准确完善。比如，对理论学习和实践锻炼的学时分配不够科学、教学内容设计不够合理等。此外，当前很多学校的劳动教育开发还停留在劳动教育单一课的阶段，没有形成劳动教育课程群，这就导致了劳动教育本体课教授的内容十分有限，课程的育人作用不能充分发挥。

第二，劳动教育课程与专业课的联动有待加强。专业教育是新时代高校劳动教育的重要内容。与中小学劳动教育不同，高校是培养高素质专业化人才的场所，因此在高校开展劳动教育必须考虑专业性的问题。当前，很多高校忽视了专业教育中的劳动实践环节，甚至很多学校认为只有工科专业才需要专业实习，这使得实践锻炼在人才培养计划中的长期缺失，也使得学生未来不能更好地适应就业岗位。此外，专业教育未能贯穿人才培养全过程，通过网络调查和访谈得知，很多高校只有在大四才会接触专业性实习，在大一到大三几乎没有和专业相关的实践机会，这也导致劳动教育与专业教育之间存在着鸿沟。

第三，劳动教育课程与职业生涯规划课的联动有待加强。新时代高校劳动教育大致可以看作劳动知识技能教育与劳动实践锻炼两部分，这两部分对应着劳动教育课程融合两种方式。由于职业生涯课的劳动教育价值导向没有被充分挖掘，使得劳动知识技能教育未能充分融入其他课程。通过对相关课程教师的访谈得知，他们对劳动教育了解很少，在教学大纲中也并没有提及与劳动教育相关的授课要求。因此，新时代高校劳动教育在课程建设上还有着很大的发展潜力。

（三）劳动实践资源开发不充分

当前劳动实践存在实践内容简单、种类缺乏创新、覆盖面小等问题，校内校外拥有着丰富的劳动实践资源，问题的本质从来不是单纯地缺少实践机会，这背后的原因是劳动实

践资源开发不充分。

第一，校内劳动资源开发不足。大学校园是发展高校劳动教育的宝藏地，其中蕴含着丰富的劳动实践资源，然而当前对其的开发不充分。首先，对劳动实践场地的开发不到位。小到学生寝室，大到操场、实验楼，都可以作为劳动实践开展的场所，而且现有的这些资源已经能够满足很大一部分劳动实践的需要。然而，当前很多高校盲目开发新场地，建设劳动教育实践基地，却忽视了对现有资源的利用。其次，校园劳动文化缺失。从校园的制度文化到日常的文化宣传，劳动教育都处于一个边缘地带，校园文化作为劳动教育的重要形式，并没有发挥它应有的作用。

第二，与社会力量合作不紧密。社会是大学生未来的归宿，每个大学生在毕业之际都面临就业，参与社会实践有利于其更好地适应社会节奏，熟悉社会人际交往的法则。然而，高校与企业、事业单位等的合作相对较少，缺乏长效的合作沟通机制。一方面是社会对大学生的热情期待，另一方面是学校进展缓慢的合作速度，使劳动实践需求与大学生人才供给失衡。只有打通学校与企业合作的渠道，才能将人才精准对接企业，让学生在劳动实践中发挥聪明才智，推动企业科学技术的进步，培养解决实际问题的能力。

第三，劳动实践方式和途径有待创新。一方面，当前劳动教育的种类覆盖面很广，既有日常性劳动，也有专业实习，但劳动实践的占比呈现失衡的趋势。很多高校热衷于开展校园清洁类的体力劳动，虽然这类劳动实践在组织流程上相对简单，但学生参与的实际体验感很差，这使得学生对劳动逐渐产生厌烦心理，不利于劳动教育的进一步开展。另一方面，劳动实践的实现途径单一，缺少有效的报名途径。当前高校未能结合网络技术，充分开发线上资源，使得高校劳动实践的组织一直处在耗费人力物力的初级阶段，未能取得创新性的发展。

（四）劳动教育保障机制待完善

当前高校劳动教育存在管理不到位、专业教师数量少且质量偏低、评价方式刻板僵化等问题。这些问题直接反映了高校劳动教育保障机制存在缺陷，尤其集中于管理机制、教师人才培养机制、评价机制等方面。

第一，高校劳动教育管理机制不完善。管理机制从根本上为劳动教育的开展指明方向，它涵盖了组织管理、条件保障等关乎劳动教育的方方面面。可以说，建立完善的管理机制是确保劳动教育质量的第一步。劳动教育作为在高校初步取得进展的综合性教育活动，由于劳动实践的广泛性，与学校内部多个部门产生联系。教学目标的设计、劳动实践的安全保障、资金的投入与开发、与校外企业的合作交流，需要教务处、二级学院、后勤部门等多部门管理。如果没有明确的责任界限，在劳动教育开展过程中就会出现混乱失序、相互推诿的现象，从而无法确保劳动教育的实效。

第二，高校劳动教育师资队伍保障机制不完善。师资队伍建设出现的主要问题是劳动教育专业人才紧缺。导致这一问题长期得不到解决的主要原因一方面是缺少完善的教师人才培养机制，当前学校对教师培训的前期投入不足，导致劳动教育专职教师供给不足，教

师队伍的专业性难以得到保证；另一方面是教师激励机制有待完善。此外，校际教师缺少交流平台，使得优秀的教学经验和实践资源得不到良性传播。

第三，劳动教育评价机制不健全。教学评价是开展高校劳动教育的指挥棒，它主要分为两个方面，一是对劳动教育教学情况的评价，包括课程开展情况、师资队伍建设情况、校企合作情况等，它的评价对象是高校；二是对劳动教育开展效果的实际评价，包括对学生劳动素养的考核，它的评价对象是学生。它们共同形成了完备的劳动教育评价体系。可在当前，很多学校缺乏对教学评价的认识，不能制定合理的评价指标，才导致当前劳动教育评价一直停滞不前，最终导致劳动与教育的脱节。

第三节　新时代大学生劳动教育提升路径

新时代以来，劳动教育备受关注。笔者从提高大学生劳动教育认知、拓展劳动教育实践形式、提高劳动教育专业化水平、健全劳动教育保障机制四个方面展开论述。

一、提高大学生劳动教育认知

高校要坚持走中国特色社会主义教育道路，坚持为党育人、为国育才，始终将立德树人作为根本任务。新形势下，高校提高对大学生劳动教育的认知是顺应时代发展的要求，是贯彻落实党和国家方针政策的需要。

（一）提高大学生劳动教育认识

当今中国，已经踏上第二个百年奋斗目标的新征程，对人才的综合素质要求逐渐提高，高校作为培养人才的主营地，要向社会输送德智体美劳全面发展的高端人才，就要打破传统认知、认清形势，了解大学生劳动教育的现状，提高大学生对劳动教育存在问题的认识和加强开展劳动教育必要性的认识。

1. 高校要提高对大学生劳动教育存在问题的认识

在校大学生以“00后”为主，虽然在生理年龄已达到成年人标准，但是世界观、人生观、价值观还未成熟，容易出现生活经历较少、难以应对生活中遇到的困难、劳动观念淡薄、劳动技能弱等问题。解决问题的能力才是一个人综合素质的体现。因此，高校肩负培养人才的重任，就要立足社会需求、关注大学生存在的问题，为大学生劳动教育发展创造条件。

2. 高校要加强开展劳动教育必要性的认识

高校要培养具有无私奉献精神、崇高理想精神和能担大任的时代新人，就要解决大学生劳动教育存在的问题，要将劳动教育纳入大学生人才培养方案中。从理论层面上看，大学生劳动教育课堂有助于大学生接受更加系统化、全面化的劳动理论知识，深入学习劳动的基本概念，从而了解劳动的价值和意义，进而加强大学生的劳动意识，端正大学生的劳

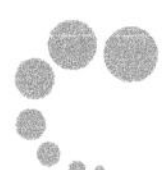

动态度，使其树立正确的劳动价值观念。提高自身理论水平，能够更好地解决劳动的"知"的问题；从实践层面上看，大学生劳动教育有助于锻炼大学生的实践能力，提高劳动技能，增强身体素质，培养良好的生活习惯、劳动习惯，锤炼坚韧的意志品质，塑造踏实肯干、吃苦耐劳的优秀品格，进一步明白社会主义是干出来的，幸福是奋斗出来的，从而解决劳动的"行"的问题。劳动教育可以促进大学生学以致用、知行合一。因此，高校要进一步加强开展劳动教育必要性的认识，劳动教育的育人价值不容小觑。

（二）遵循大学生劳动教育原则

劳动教育的原则是指在进行劳动教育的过程中应遵循的基本准则。新时代开展大学生劳动教育应把握育人导向，突出校内教育与校外教育相结合，传承与创新相结合，以学生为本等主要原则，深化以劳育人的教育理念，培养自信自强、德行并重的高素质人才。

1. 坚持校内教育与校外教育相结合

校内劳动教育体系中主要以明确的目标、丰富的内容、有效的方法作为授课纲要，大多停留在理论层面，使得大学生对劳动教育有进一步认识，促使大学生在学习劳动课程的过程中进一步感受劳动文化的魅力；较之于校内劳动教育，校外劳动教育具有较强的灵活性，其教育主体可以是父母、家庭，还可以是机构、社会等，教育场地可以在乡野小路，也可以在繁华都市，没有特别固定的教育内容、教育目标等，开展劳动教育所受限制较少，以实践经验为主，其优势在于广阔的学习平台和学习环境。因此，无论是校内教育还是校外教育，各有特色、优势与不足。若仅凭校内劳动教育或校外劳动教育当中一方的力量，其教育效果明显不佳，真正的劳动教育应将两者相互结合，以期实现劳动育人价值的最大化。

2. 坚持传承与创新相结合

劳动对人类历史的演进发挥着不可替代的作用，劳动教育思想贯穿于整个人类历史长河之中。劳动教育思想发展至今，有着丰富的内容、宝贵的经验、非凡的价值等，为新时代开展大学生劳动教育指明了方向，提供了启示，因此，需要我们继续传承、不断挖掘。党的十九大以来的五年和新时代十年，世界形势变幻莫测，我国经济实现中高速增长，物质生活更加丰富，价值观逐渐多元，开展大学生劳动教育面临的问题越来越多。在这样的形势下，仅靠传承无异于故步自封，要进一步推陈出新，促进传承与创新相互结合。体现在两个方面。其一，劳动教育目标。通过劳动教育促使大学生热爱劳动、尊重劳动，养成良好的劳动习惯，具备基本的劳动能力。我国要进一步发展为创造业强国，需要提高高精尖技术、培养创造型人才，而创造性劳动是以脑力劳动为主产生劳动成果，因此，要加强大学生创造性劳动教育。其二，劳动教育内容和方法。以日常生活中的劳动、生产性劳动和服务性劳动远不能满足教育需求，应融入更多丰富的元素，如新时代劳模精神、奋斗精神等。此外，劳动教育方法要以创新为主，互联网技术的高度发达，网络软件和平台成为大学生学习的重要载体，可借助新媒体的力量，多方面、多形式地开展大学生劳动教育。

3. 坚持以学生为本

全面加强大学生劳动教育，要学懂落实习近平总书记关于劳动教育的重要讲话和关于教育的重要论述，坚持以立德树人为根本任务，切实回答好“怎样培养人”这一根本问题。大学生劳动教育开展要顺应时代的潮流，结合大学生生活实际，符合大学生心理特征和年龄特征。新时代大学生成长生活的环境不同，思维方式不同，多数大学生个性化特征较为明显，因此，高校要密切关注大学生的个性特征，切勿将劳动教育纯理论化或纯实践化，导致大学生劳动教育会出现空洞乏味、苍白无力的现象，造成人力、财力等资源的浪费。

（三）践行大学生劳动教育理念

纵观古今，热爱劳动一直是中华民族的优良传统，也是塑造个人优秀品质的重要手段和走向成功的必经之路。高校要立足大学生的全面发展，着眼于大学生劳动教育的培养，坚持以劳育人、以劳育德、以劳创美的劳动教育理念，将新时代劳动教育理念贯穿于育人全过程。在未来的教育发展中培养学生爱劳动、勤劳动、会劳动的优秀品质，助益大学生增强劳动素质、展现新时代劳动风貌。

1. 辛勤劳动教育理念

人生在勤，勤则不匮。辛勤劳动是中华民族的传统美德，纵使时代在变，从农耕文明发展至工业文明，经济、科技等各领域发生了翻天覆地的变化，但唯一不变的就是勤劳精神。大学生是社会主义现代化建设的重要力量，也是新时代劳动精神的主要学习者，高校应创设辛勤劳动教育理念，积极引导大学生自觉主动参与劳动教育，使其明白，今天拥有的一切都浸透着劳动人民的汗水，生活的安逸稳定、国家的繁荣昌盛都离不开辛勤劳动的伟大创造。青年大学生理应继承优良传统，发扬辛勤劳动精神，在这无比广阔的舞台上施展才干。

2. 诚实劳动教育理念

求真务实是马克思主义认识论精神实质的总结概括，青年大学生正处于三观养成的重要时期。这一时期，高校亟须对大学生进行正确教育和引导，促使其完善和提高自己。诚乃立身之本，信乃道德之基。诚实作为最基本的道德，是大学生思想素养和行为方式的表现，也是人与人沟通交流的桥梁。诚实劳动旨在培养大学生脚踏实地、求真务实的高尚品格，能够有效改进不正之风，为教育的开展营造良好的氛围。

3. 创造性劳动教育理念

应时代的需求而产生，旨在培养大学生的创造能力。科技是第一生产力，创新是第一动力，如今社会，需要的更多是创新能力，高校要以实践创新教育为主，打造创新创业课程，开发特色实践项目，激发大学生的兴趣。

二、拓展劳动教育实践形式

劳动教育是在实践中不断发展的，要高度重视劳动教育的实践性，把劳动教育小课堂同社会大课堂结合起来，在理论和实践的结合中，引导大学生把人生抱负落实到脚踏实地的实际行动中来。因此，要加强劳动教育实践活动，拓展劳动实践场所，在此过程中，要注重挖掘校内资源和校外资源，丰富实践活动的形式和内容，进一步激发大学生对劳动的热爱。

（一）加强劳动教育实践活动

一方面，校内实践活动。大学校园是大学生参加实践活动的主场地。其一，高校要结合学校特色，各二级学院要结合学院专业特色，深化以劳动为主题的教育活动。如法学院，可以举办模拟法庭进行辩论，还可以小组进行普法宣传，增强同学法治意识的同时，专业知识得到有效转化输出；农学院可以开垦小田园，种植蔬菜等；各类劳动实践技能比赛、绘画、歌唱等文艺类活动都可纳入其中。其二，立足校园，开展勤工俭学活动。通过参加勤工俭学实践活动，大学生既能获得劳动报酬，还能丰富自己的课余生活、促进德智体美劳全面发展，是积累实践经验的有效途径。其三，发挥学生社团实践功能。学生社团由学校团委统一管理，学生因兴趣相聚、自发组织，旨在丰富校园课余生活，开展各类活动，提高学生自治能力，包括运动类、文艺类、艺术类、志愿服务类等。以志愿服务活动为例，大学生志愿服务活动可以有效培养大学生服务他人的意识，弘扬劳动精神，锻炼实践能力，进一步深化对劳动创造世界的认识。如留守儿童之家，与孩子们做游戏、给孩子们辅导功课；敬老院，为老人打扫卫生、清洗衣物等，在志愿服务过程中，进一步感受劳动带来的快乐，帮助他人的愉悦。此外，社团可联合举办以劳动为主题的校园活动，如在五四青年节等重大节日，将模范劳动人物的故事编成歌剧、小品、故事会等文娱节目，传播劳模精神，弘扬正能量。

另一方面，校外实践活动。校外实践活动主要集中在假期，有充足的时间才能开展此类活动。假期实习、“三下乡”社会实践是校外实践活动的典型代表。大学生假期实习是由校园学习步入就业的关键环节，高质量的实习经历可以为个人校园学习生活画上完美的句号。通过假期实习，大学生可以发现自身优缺点，找到兴趣点，探索个人职业定位，提高个人综合能力，培养踏实肯干、奋发有为精神。“三下乡”社会实践活动内容丰富、形式多样，主要以社会调研和支教为主。通过参加此类活动，大学生可以真真切切地了解社会、接触社会，增强劳动安全意识和团队协作意识，进一步培养大学生的社会责任感和担当精神。

（二）拓展劳动实践场所

“高校要贯彻落实新时代德智体美劳全面发展的教育方针，就要根据高等教育人才培养的特点，努力构建更加全面的人才培养体系。”① 要开展有效的劳动教育，仅提供短期或者个别的劳动实践难以满足大学生发展需求，更不会对大学生产生深远影响，以劳育人的目标也不易实现。在新时代背景下，劳动形式、劳动内容无时无刻不在发生变化，传统的劳动实践方式需要被克服，要多渠道探索更为有效的实践方式，就要拓展劳动实践场所，提升劳动实践场所的功能。加强网络劳动实践场地的建设，将虚拟空间与实体空间相互融合。

首先，设立劳动教育理论研究基地，为劳动教育开展专题研究、讨论、交流提供场地保障。旨在加强对劳动教育研究的深度和广度，能够为劳动实践提供理论指导。其次，“通过建立校企协同共建育人基地、校企合作产教融合项目、企业导师进课堂等方式开展协同育人”②。校企合作，既能够弥补高校劳动实践场地缺乏，也为大学生了解、体会企业文化、就业等提供直接的学习机会，更具有真实性、客观性、实践性，同时也为企业输送高素质的新型劳动人才，输入新鲜血液。在此过程中，能进一步发现企业和高校双方在劳动实践场地建设过程中的不足，以便进一步改进和完善。最后，要打造无边界劳动教育场域，凝聚社会力量，让劳动教育有广度，有热度。探索“营地+基地”“基地+基地”“基地+学校”的新模式，积极争取、挖掘、整合基地外资源，拓展劳动教育空间，建立起模式多元、内容各异的多家校外劳动教育基地，如工艺坊、劳动大棚、实验中心、农业园地等，并建立社会场所支持系统，努力构建劳动教育资源的协调与共享机制。通过多方联动协作，线上线下融通，课内课外贯通，校内校外连通，助力大学生在更广阔的劳动教育中发展自我，积极培养对于劳动的热爱，使之在劳动教育的过程中，既能树立正确的劳动价值观，也能够强身健体，在新形势下进一步提升自我，为做好一名合格的时代新人奠定基础。

（三）加强校园劳动文化建设

当前大学生劳动价值观出现偏差，原因之一就是劳动教育融入校园文化建设力度不够。因此，学校要将学生的习惯和品格培养融入校园文化建设之中。校园劳动文化属于无声教育，是劳动教育实践形式的重要方式之一，是高校教育事业的有机组成部分，是长期以来高校全体师生形成的价值共识，主要包括物质文化建设、精神文化建设和制度文化建设，是以精神文化建设为核心，展现高校校园形象的重要载体。健康向上的校园劳动文化能对大学生产生正确的价值引导，营造浓厚的劳动氛围，大学生在形式多样的校园劳动文化潜移默化的影响下，会形成正确的价值观和良好的习惯。

1. 发挥高校物质、精神、制度文化的作用

（1）物质文化建设。物质文化是指可视化的校园环境，具体包括楼宇建筑、教学设

① 林蕙青．努力实现新时代高校人才培养新作为［N］．中国教育报，2018-10-26（1）．

② 于兴业，张迪，李德丽．劳动教育与创新创业教育的深度融合［J］．东北农业大学学报（社会科学版），2020，18（02）．

施、绿化环境、运动场等，属于硬件。校园环境建设要做到净化、美化、绿化、规范化、教育化，干净整洁的校园环境，会营造积极向上的氛围，也是后勤人员、教职工等校园工作者勤奋劳动的体现。争取让校园中的每一座建筑都开口说话，如草坪或休息区域，将“尊重劳动、热爱劳动”等劳动标语写在指示牌上，将关于赞美劳动的名言警句雕刻至台阶或休息座椅旁，在食堂里面张贴“珍惜劳动成果”等标语或图片。总之，高校要充分利用校园资源，打造人文景观，使整个校园充满劳动情怀。

（2）精神文化建设。校园精神文化是一所学校的整体精神状态，也是学校文化传承的体现，其精神实质贯穿于办学理念和办学经验之中，是校园文化建设的核心，包括认知成分、情感成分、价值成分、理想成分，属于意识形态，是看不见摸不着的文化建设，具体体现在校风、学风、班风等方面。其中校风建设主要表现在校徽、校训等方面；学风是指学生对于学习的态度、生活习惯、言行举止等。高校要将劳动精神渗透其中，传递奋发图强、求真务实、勇于担当的精神，为校园营造不服输、不怕输，勇往直前、自强不息的良好氛围。促使大学生在生活和学习的过程中，以此为精神力量，战胜各种艰难险阻。

（3）制度文化建设。制度文化建设属于校园文化的内在机制，简言之，制度文化是学校的规章制度。制度对于高校工作的开展具有指导作用和规范作用，能够激励全体师生勤奋工作、努力学习、遵纪守法，是建立良好校风的重要保障。如在全校师生学习生活的区域，将劳动教育课程考核机制、评价机制等具体实施细则张贴宣传。高校具有完整、健全的制度保障，所有工作才能平稳运行，此外，执行相关校纪校规的组织机构也要配套建设，校园制度文化建设才能落实到位。

2. 利用网络加强劳动文化宣传

网络传媒具有传播信息、提供娱乐、社会交际等作用，大学生作为“网络社会”的重要参与者和建设者，与网络传媒有密切关系，因此，高校要充分挖掘网络传媒劳动教育功能，促使网络媒体成为宣传劳动文化的主要阵地。如建立劳动教育微信公众号，以中国传统劳动知识、马克思主义劳动观、最美劳动者等为分类，每天推送精彩内容，不限于文字、视频等。此外，充分利用校园官方抖音、快手、哔哩哔哩等文化社区和视频网站，将励志故事、奋斗身影、大国工匠等内容进行推送，大学生通过观看、浏览优秀光荣事迹，能激发斗志，刻苦学习。网络传媒能营造校园劳动文化氛围，弘扬主旋律，增强劳动教育的趣味性和感染力，利用好网络主阵地，劳动教育宣传工作能取得质的进展。

3. 举办形式多样的劳动文化活动

劳动淬炼成长，实践创造幸福。高校开展劳动文化活动，能够丰富校园文化建设内容，活跃校园文化氛围，是高校贯彻落实“以文化人、以文育人”理念的表现，引导大学生树立劳动教育理念，丰富大学生校园生活，使之在实践中收获快乐。其一，利用网络力量，举办劳动文化节系列活动，设置奖励机制，调动大学生参与活动的积极性，如线上开展劳动知识竞赛、举办劳动主题征文比赛、阅读劳动经典等，大学生可通过参与系列劳动文化活动，进一步学习劳动知识，提高理论素养。其二，重大节日，举办丰富的校园劳动文化活动。如二十四节气、劳动节、植树节、民俗节日等，将中国传统农耕文化与节日相结合，结合时代特征，打造特色劳动主题活动，通过歌唱、墙绘、小品、歌剧等文化样式展现农耕文明的魅力。培育大学生的劳动情怀，促使大学生充分认识劳动教育的时代性，在参与中感受劳动、享受劳动，使之体会幸福生活来之不易，应珍惜劳动成果。其三，加强创新性质类活动。创新创业是党和国家高度重视的战略部署，培养高质量创新型人才是新时代大学生劳动教育的重要任务，如创新创业系列讲座、创新创业故事分享交流会、赛事经验沙龙、创新创业大赛等，通过参加此类活动，进一步培养大学生树立创新意识，在今后的学习生活中追求创新，不断提高创新能力。除以上劳动文化活动的开展以外，还可举办日常生活劳动，如倡导绿化环保，做绿化的践行者、守护人，加入绿化生活行动之中，从自我做起、从小事做起，以实际行动感召其他同学，为校园环境的干净整洁贡献力量；倡导垃圾分类和资源有效利用，增强环保意识和勤俭节约意识；打造无烟校园，维护校园环境秩序等。

4. 让榜样成为校园劳动文化建设的表率

榜样的力量催人奋进，模范的事迹值得学习、践行，榜样作为一种精神力量，对大学生三观塑造极为重要，有激励、规范大学生日常学习和生活行为的作用。开展劳动教育，要加强校园劳动文化建设，必然要以劳动模范、先进个人、优秀工作者等为榜样，以宣传和弘扬劳模精神、劳动精神和奋斗精神，为新时代大学生劳动教育的发展凝聚磅礴力量。如聆听劳模讲座、观看最美奋斗者视频；聘请地区劳动模范、五四奖章获得者等优秀人物进校园，分享劳动经验和工作历程，促使大学生近距离感受劳动精神和努力钻研、尽职尽责的精神魅力。引导大学生在学习中艰苦努力、追求创新；在生活中热爱生活、奋发图强；在工作中爱岗敬业、甘于奉献。

学高为师、身正为范，要积极探索发掘身边的教职工榜样。邀请地区或者校内深孚众望的退休教师或杰出工作者进课堂，分享生活体验、感悟和求学经历等，尤其在大学生入党工作中，能起到信念引领作用。此外，高校还要举办“最美教师”“最美辅导员”等活动，将最美青年教师和行政工作教师邀请至劳动主题班会或党团活动中，与大学生深入交流，因青年教师们参加工作不久，对于校园生活的体会和就业等事项与现阶段大学生更具共鸣，与学生沟通更具有亲近感，对于劳动精神的传播更容易被学生接受。此外，还可大力宣传优秀校友和同辈中较为励志的人物事迹，如创业成功、在某领域取得突出成绩等。大学生在聆听劳模故事和经历时，更容易感悟劳动之真、体会劳动之美，在真实环境中感受奉献精神和创造精神，更能引导大学生明确自己作为新时代青年的使命担当，以青春之我、奋斗之我，在人生舞台上创造更多价值。

总之，劳动教育的实践要不断将新任务、新内容、新要求融入其中。在育人过程中，高校要始终做到科研和实践并举，坚持以立德树人为本，坚持培养德智体美劳全面发展的人才，强化劳动意识、劳动精神、劳动能力，将劳动教育办得有声有色。

三、提高劳动教育专业化水平

劳动教育的专业化水平是衡量劳动教育质量的重要标准之一，体现在教师队伍的专业化和课程建设的规范化。开展劳动教育就要加强师资队伍建设和课程建设，促进劳动教育课程和其他课程相结合。

（一）加强师资队伍建设

教师是人才培养的关键所在，要给学生一杯水，教师要有一桶水，教师的综合素质对高校办学水平的高低起着决定性作用，影响着高校未来的发展方向，其作用可见一斑。因此，更需要打造一支高水平、高素质的专业教师队伍，为培养新时代青年人才增添力量。

1. 加强劳动教育师资力量配备

2022 年 5 月，教育部批准开设劳动教育本科专业，该专业在全国各个高校中首次设立。劳动教育是一门融合理论与实践的综合性课程，需要懂劳动、爱劳动的专业教师任教。在劳动教育过程中，高校要积极补充与劳动教育相关性较高的学科教师，如社会工作、劳动管理学、劳动与社会保障等。同时，要挑选优秀的教育学、心理学骨干教师和青年人才进行专业的劳动教育课程培训。此外，高校可以聘请当地知名企业、机构等单位的优秀员工、能工巧匠、先进个人、劳动模范等在行业内有名望的行家里手担任劳动教育实践课程教师，以期为高校劳动教育师资队伍增添新的力量。最后，建立劳动教育教师激励机制。高校要吸引更多优秀的专家、教师，要调动教师的积极性，就要提高薪资待遇，设立专门的教师津贴，在劳动教育教学过程中，有重大劳动教育理论科研成果获得者、劳动实践创新项目获得者等，均给予专门的津贴补助，增强教师的自信心和责任感，努力满足教师发展的物质需要、自尊需要、求知需要等，使机制对每位教师都具有吸引力、都具有鼓舞作用。

2. 提高劳动教育教师综合素质

教师综合素质的高低是衡量教学质量好坏的重要标准。设立劳动教育专任教师后，高校要使其拥有获得感、成就感，就要重视起该主体，使劳动教育专任教师从根本上体会到个人的价值所在。要将开展培训常态化、规模化，不仅针对劳动教育专任教师，还要针对全体教职工进行培训，营造全员学习劳动的良好氛围。此外，发挥校内校外联动机制的作用，加强校企合作。设立专门的劳动教育指导组，组织高校教师到本地知名企业与劳动模范、优秀个人等具有代表性的职工进行交流研讨，开展以劳动教育为主题的系列研讨会以及赛事活动，增添劳动教育研讨的趣味性。会后将心得体会总结汇编，久而久之，关于劳动教育的理论内容和实践素材便有了一手资料，以传帮带的方式，壮大师资队伍。最后，术业有专攻，让专业的人干专业的事。要将劳动教育设置为必修课程，并加强马克思主义劳动观教育，马克思主义学院的教师可以重点研究马克思主义劳动观、劳动哲学等内容；教育学教师可重点研究劳动教育史等内容；心理学教师重点研究劳动心理学等，最终将各自研究的重点相互交流，

汇编成册。通过理论与实践相结合的方式，强化劳动教育专任教师的使命感和获得感，增强他们的教学信心和个人能力，着力建成一支劳动教育复合型师资队伍。

（二）加强劳动教育课程建设

大学生劳动教育是高等教育不可或缺的一部分。推动大学生劳动教育规范化是首要任务，高校要充分发挥关键作用，以期把握高等教育规律、精准高效地加强劳动教育。

1. 开设劳动教育课程

劳动教育课程是对学习进程和教学计划所做的总体安排，是提高学生劳动认知的主渠道，旨在促使大学生能够进一步端正劳动态度，学习相关知识、培养高尚的情怀、提高个人专业水平，内容包括劳动理论课程和劳动实践（技能）课程。

其一，劳动理论课程。理论是实践的基础，马克思从唯物主义的角度阐述了生产劳动与教育相结合的劳动教育思想，强调了劳动教育的重要性和必要性，认为人类的发展和幸福生活的创造离不开劳动，将劳动提至教育层面，实现了劳动教育思想的升华。因此，劳动理论课程首先要将马克思主义劳动观纳入其中，采用专题形式将马克思主义劳动观的内容、发展、意义等向学生讲授清楚。使学生明白劳动教育不是简单的体力劳动和脑力劳动，而是在学习中实践、实践中学习，既能发挥教育效用，也能发挥实践效用的综合性教育。有效培养大学生的劳动情怀，提升对劳动的认同感。基于此，开展奋斗观、幸福观主题教育。将此作为特色劳动理论课程，主要讲解奋斗、劳动和幸福三者之间的关系，以各行各业的“最美奋斗者”为示例，传授新时代奋斗精神和劳动精神，使学生清楚新时代大学生的奋斗目标是学好专业知识，提高综合素质，练就过硬本领，始终以艰苦奋斗为精神指引，在人生的舞台上展示自己的价值。劳动理论课程要设置为必修课程，将劳动法、劳动与社会、劳动经济学、发展与就业等内容全部纳入其中，使学生充分、系统地学习劳动教育相关知识。

其二，劳动实践（技能）课程。要使大学生将学习到的劳动理论运用于劳动实践之中，就要开展相应的劳动实践（技能）课程。设置必修课，采用多元、创新的课堂方式，将新的劳动技能、劳动经验纳入课程内容之中。以“理论+实践”为模式，因材施教。对高年级的大学生而言，即将面对职场，因此要以实习实训课程为主，大学生长期待在校园里，缺乏职场经验，可采取校企合作的教学方式，如邀请企业职员进入课堂，分享职业经验，传授相关职业所需技能；组织大学生到企业参观学习、现场交流等。对低年级的大学生而言，步入大学校园时间不长，对大学生活缺乏明确的规划，可打造翻转课堂，采用理论讲授、研究讨论、互换身份等教学方法。如让其寻找身边的“最美奋斗者”，加以采访，制作视频或音频留存，轮流分享并撰写心得体会，由授课教师给出评分加以奖励。使低年级大学生在学习中不断提高对校园生活的认同感，在实践中提高个人交流能力，对相关理论进行初步学习，掌握基本知识，逐步感受劳动光辉。总之，高校开展劳动实践课程要形式多样，课堂未必一定在教室，要贴近生活实际，在课堂中增加实践机会，活跃课堂氛围，使学生切身感受课程之魅力，体验课程带来的趣味性，从而激发对课程的兴趣。

2. 促进劳动教育与专业课程相结合

高校开展劳动教育，要紧密联系实际，关注社会发展动态和党的路线、方针、政策，时代需要什么人，高校要培养什么人。但是培养人才需要时间周期，为满足时代要求，劳动教育的内容、形式等必须与时相继。虽然劳动教育已经存在了很长时间，但尚未成熟，较多的学科和知识较为零碎，因此，要打破劳动与其他专业之间的界限，培养专业熟练的高素质劳动人才。

劳动教育与专业课程具有一定的契合性。一方面，培养专业型人才旨在通过自身辛勤劳动服务于社会；另一方面，学习专业知识的过程本是脑力劳动的过程。高校的专业课程较为丰富多元，且具有较强的专业性和鲜明的特色。劳动教育与专业课相结合，其途径有三。其一，挖掘专业课程的劳动属性。如工科类专业和医学类，专业课程中实践课程占比较大，工科类专业的实验课，医学类专业的实操课，都是以实践为主。劳动教育要抓住此类课程的特征，将劳动精神、劳动理念融入专业实践课程中，使学生在学习专业课程的同时感受劳动实践的生命力，同时收获专业能力和劳动能力。人文社科类专业偏重于理论层面，但也不缺乏具有劳动属性的环节，如调查实证研究，部分课题的研究需要采访等都是劳动行为的体现。艺术类专业更加凸显创造性，属于创造性劳动。其二，在专业课程教学过程中，将劳动法、劳动条件、劳动人权等内容融入其中。使学生进一步了解劳动的基本常识，收获到不同的知识，才能引发大学生对专业课程的兴趣。其三，专业课程与大学生自身利益有着密切联系，在专业教育过程中，找准结合点最为关键。劳动教育与专业课程相结合，对大学生劳动品质的养成具有现实意义。

3. 促进劳动教育与职业课程相结合

职业课程是指大学生职业生涯规划及就业指导课。教育需要时间成本，大学生要在长时间的环境熏陶下，才能逐渐形成一种意识、养成一种习惯。因此，就业指导课程的开设要体现全员性，对于低年级的学生，将劳动学科知识不断融入其中，深化职业生涯教育内容；对于高年级学生，要将劳动教育与就业指导充分结合，强化教育效果。

就业是民生之本，当今社会对于人才素质的要求越来越高，就业形势日益严峻，职业生涯规划及就业指导课程便成为必修课程，而就业本就是一门实践性较强的工作。要加强劳动教育，助力职业生涯规划及就业指导课的实效性。此外，要充分认识劳动教育与职业生涯规划及就业指导课程结合的意义，实施行之有效的举措。职业生涯规划及就业指导课程能教授大学生认清就业形势，正确面对就业中遇到的问题，如何选择适合自己的岗位。将职业课程与劳动教育相结合，有利于大学生提高职业素养，用科学合理的眼光看待就业，对自己有明确的认知和定位，知道自己想要什么、能做什么，进而将个人利益与集体利益结合起来。

另外，要加强劳动教育与职业规划及就业指导课相结合的实践路径。首先，加强理念、意识融合。要对劳动有正确的认识，树立正确的劳动观是树立正确择业观的前提和基础，取得成绩需要付出辛勤劳动，劳动是艰苦的，但通过劳动所体验到的快乐和收获的价值是无价的，劳动教育与职业规划及就业指导课相结合利于大学生养成艰苦努力、甘愿奉献的精神品质，而这些优良品质正是职场所需，可以促进大学生就业。其次，“加强课程设计融合”。“科学的劳动哲学和劳动科学理论是劳动教育、职业生涯规划、就业指导教育的共同理论基础。”① 开设职业生涯规划及就业指导课程，将劳动教育特色内容与各专业特色相结合，促使大学生树立专业自信、学科自信，明确职场分工，进一步了解职业体系，明确职业没有高低贵贱之分，要尊重每位劳动者，培养职业平等意识。在此基础上，加强劳动实践教育和实习实训指导，如利用假期闲余时间，组织大学生进入企业参观学习；进入乡镇政府机构交流学习；去相对偏僻的地区利用自己所学的专业知识创造价值，支教、支医等。通过参加实践活动，在实践过程中体验集体生活的乐趣，感受不同的生活氛围，基于此，同学之间互相分享体会，能提高人际交往能力，进一步了解生活百态，促进情感交流，丰富个人的知识体系，促进对基层生活的情感认同。最后，结合本地经济发展水平、地区资源、地方产业结构特色，将优势资源有效整合，与相符合的专业相结合，再将劳动教育融入其中，“三位一体”打造特色就业课程，不断完善职业生涯规划及就业指导课程体系。有益于大学生实践经验的积累、职场能力的提升和社会责任感的增强，促使大学生立足实践，在实践中深化对职业理念的认识。

4. 促进劳动教育与创新创业课程相结合

“创新是一个民族进步的灵魂，是一个国家兴旺发达的不竭源泉，也是中华民族最鲜明的民族禀赋。”② 我国经济的发展、科技的进步、制度、军事等各领域都不能缺乏创新，创新是内在驱动力，尤其是当前我国经济进入新常态，需要创新全力推进。大学生是创新的根基，是创新的核心要素。其创新创业的综合素养关系全民族创新创业的发展。很多高校都已开设创新创业课程，党和国家高度重视部署，创新创业大赛进展如火如荼，大学生参与积极性较高，但也缺乏较为完整的体系和经验。理论的生命力在于创新，创新创业课作为高校培养大学生创新素养的重要方式，旨在培养青年大学生的创造能力、创新精神等。创新创业课程传授大学生创新创业的方法、基本理论知识。两者都注重理论性和实践性。将劳动教育融入创新创业课程中，营造大学生勇于创新、敢于创新；勇于拼搏、敢于拼搏的良好氛围，有效激发大学生的青春活力，促使大学生明白提高创新素养不能仅凭激情，还要有持续性吃苦的精神和扎实的知识水平，超高的劳动能力。在整个人才培养过程中，两者结合，是推动大学生积极就业创业的有力支撑。

高校劳动教育课程建设，任重而道远，需要以高校为主体，集家庭、社会各界力量协同助力，不断将新知识、新政策等纳入劳动教育的内容之中。要继续创新劳动教育的手

① 刘向兵. 新时代高校劳动教育论纲［M］. 北京：社会科学文献出版社，2019：158.

② 习近平谈治国理政［M］. 北京：外文出版社，2014：59.

段，为加强劳动教育课程建设奠定基础，促使劳动教育课程成为推动大学生劳动教育的重要力量，使之在新征程上发光发热，真正成为人民满意的教育。

四、健全劳动教育保障机制

健全劳动教育保障机制，能够为发展大学生劳动教育提供强大动力和有力保障。任何主体的运行都不能缺乏科学完善的保障机制，劳动教育作为高校教育发展的重要内容之一，自然不可缺乏有效的保障机制。新时代劳动教育的发展别具特色，高校要加强顶层设计，完善劳动教育保障机制，才能使劳动教育日常管理工作平稳运行，才能实现以劳育人的教育目标。反观现状，高校缺乏完善的劳动教育保障机制，严重阻碍劳动教育的发展，造成一定的资源浪费。

（一）建立安全防控制度

随着新时代大学生劳动教育的深入开展，在劳动过程中的安全问题也逐渐凸显，因此，高校劳动安全教育的开展势在必行。当今社会，大学生群体以“00”后为主，这一群体个性鲜明、思想积极向上、性格阳光活泼，对新鲜事物充满激情，具有强烈的求知欲和好奇心。在劳动教育的实践和理论中，高校首先要重视对大学生的劳动安全教育，增强大学生的劳动安全教育意识，积极开展劳动安全教育课程。其次，劳动安全教育是一个长期的教育过程，需要劳动教育教师、学生辅导员以及其他专业课教师等多方力量共同承担相应的责任，形成一张劳动安全教育的网络。如此一来，才能够及时了解大学生的生活动态及心理状态，以便发生劳动安全事故时，能够多方联动，及时解决问题，规避风险。再次，要将劳动实践常态化，将劳动安全教育具体分工、责任到人。教师指导学生进行劳动实践时，既要培养学生的团队协作能力，又要注重培养学生的独立自主能力，因材施教，这样才能够使学生对劳动教育产生积极性，同时，也会让劳动安全教育工作开展得更加顺利，遇到问题时，能够快速针对问题及时解决。最后，制订详略得当的劳动安全教育方案。在日常劳动安全教育过程中，要做好应对劳动风险的准备，只要有劳动安全事故发生，就要果断采取措施，此外，还要制定相对应的应急预案。在劳动教育过程中，难免会发生不可预料的安全事故，尤其是劳动教育实践过程。因此，在日常生活中，不仅要制定应急预案，更要加强演练，提高劳动安全应急实践能力。通过常态化的劳动安全应急演练和劳动安全教育理论的讲授，大学生会对处理突发事件的各个环节或者流程更加熟悉，同时也能在实践练习的过程中，不断发现问题，以便不断完善劳动安全教育方案，确保做到万无一失。安全是劳动教育开展的重要保障，安全防控制度是包括人力、物力等因素的全面系统的制度，建立安全防控制度，是对大学生的高度负责，进一步表明高校一直坚持以学生为本的教学理念，坚守立德树人的崇高使命。

（二）加强劳动教育管理部门建设

劳动教育管理部门建设是对劳动教育有效发展而建立的。当前高校劳动教育不受重

视，归因于没有专门的劳动教育管理部门，各部门对劳动教育的管理较为松懈，遇到问题避重就轻、相互推诿。因此，要做到部门设置的专业化，分工明确、责任到人，以提升高校劳动教育质量。

首先，设置专门的组织机构，落实相关工作职责。其一，设置劳动课程教学委员会。由校党委书记、副校长担任总负责人，教务处处长、学生处处长、后勤处处长、各个二级学院院长担任协助管理。劳动教育课程教学委员会是高校劳动教育的主要管理部门，主要负责劳动教育课程的规划、劳动教育各项规章制度的制定、劳动教育课程与其他课程有效融合的方案等。其二，设置劳动教育教研室。将劳动教育设置为必修课程，由专业的教师队伍组建教研室，由二级学院副院长担任主要负责人，资历老、能力强的教师协助管理，其他教师以成员身份加入其中。主要负责劳动教育课程研发、课题申报、给学生授课等。其三，教务处、学生处要发挥好监督作用。作为高校行政工作的主要负责部门，要监督指导劳动教育相关工作，制订人才培养方案，完善劳动教育规章制度，做好劳动教育学年总结，统筹协调各学院抓紧落实劳动教育工作。其四，后勤处要履行的相应的职责。后勤部门主要负责劳动实践教育相关工作，如劳动教育实践基地数量、质量问题，加大校园文化环境卫生，协助其他部门利用校园特色做好劳动教育宣传工作。其五，各二级学院也要履行好相应的职责。二级学院是监督管理学生工作的直接部门，是落实劳动教育工作的执行者，高校劳动教育开展质量取决于各二级学院落实力度。一院一策，根据学院、专业特色，将劳动教育与各专业有效结合，打造特色课程和特色实践活动，激发大学生对劳动教育的兴趣，做好劳动教育考核工作。

其次，高校要在劳动教育组织机构建立以后，“不断总结以往的教育经验，制定出一套切实可行，涵盖教师岗位职责、纪律、考核、评价、奖惩、师德以及民主监督等方面的规章制度”①。例如，将大学生劳动教育写入学生管理手册之中。规章制度的制定，可使大学生劳动教育的开展有章可循、有法可依，促使劳动教育更加规范化、专业化。

（三）建立劳动教育评价制度

劳动教育评价制度是劳动教育发展的指挥棒，是劳动教育在新时代能否长远、健康发展的重要前提，具有现实意义和特殊意义。劳动素养是衡量大学生综合素质的重要标准，因此，要将劳动素养纳入学生综合素质评价制度，为劳动教育评价制度的建立和完善添砖加瓦。

首先，要明确劳动教育培养目标，制定科学的评价标准。大学生劳动教育旨在培养大学生树立正确的劳动观念，拥有过硬的劳动能力等，具体表现在以下几个方面：其一，劳动观念。新时代的劳动观就是培养大学生热爱劳动、尊重劳动、以劳动为荣等方面的劳动情怀。其二，劳动能力。无论是脑力劳动还是体力劳动，大学生要培养真本事，通过劳动

---

① 毛艳玲．高校青年教师的培养与教学管理——评《规制与引领：地方新建本科高校教学管理制度研究》[J]．中国高校科技，2020（08）：104.

创造价值。因此，劳动教育评价标准包括劳动价值观、劳动能力等多方面的评价。

其次，因人而异，制定合理的评价方式。其一，依据年级、专业类型等各方面差异和不同，因材施教。如对于低年级大学生而言，初入大学，对周边环境以及人情世故较为陌生，要以理论引导为主，实践活动为辅，采取循循善诱的方式，使之接受劳动教育。在考核方式上以劳动教育基本理论知识为主，如理论考试、撰写心得体会、撰写小论文等，通过一定时间的学习，为后面的劳动实践活动奠定坚实的理论基础。反之，高年级的大学生即将步入社会，需要更多的实践经验，要结合专业特征，进行实操考核，如工农类专业采取实验、实训等；人文教育类可模拟课堂、法庭等。其二，评价方式多元化。所有成绩均以教师评定为准，不具有代表性，可采取“6+4”评价方式（教师评价占比60%，自评和他评占比40%），全面客观地对大学生劳动价值观和劳动能力进行综合评价。其三，过程性评价+结果性评价。过程性评价是指大学生在劳动教育学习过程中对其表现情况的评价，如出勤率、作业完成率、平时表现情况、平时考核成绩等；结果性评价是指整个劳动教育学习结束后对其表现进行的评价，如期末测评等。两者结合的评价方式，有效避免了“为过程而过程，为结果而过程”的问题。

最后，要有严格的评价考核制度。无论采取哪种考核方式，其考核成绩都要严格进行评判，最终计入综合测评成绩之中，与奖学金、助学金等荣誉评定挂钩，如有不合格者，采取重修的方式，以此类推，直至合格。

（四）加大资金与时间的投入力度

劳动教育的开展需要经费保障，高校要设立科研经费和实践经费，加大资金投入力度，确保大学生劳动教育能够平稳运行。应多渠道筹措资金，动员社会各界力量，加大外联宣传，吸引优秀企业给予相应的资金支持。同时，劳动教育需要的劳动工具、教学设备、书籍材料等，高校也要充分供给，以便师生在劳动教育开展过程中学习、实践使用。

（五）加强先进的技术保障

“随着教育机器人、智能感知系统等新兴智能技术在高校劳动教育领域的应用与推广，劳动教育场景愈加智能泛在。”① 为推动大学生劳动教育现代化进程，高校要在劳动教育教学和劳动教育实践以及相关科研工作等方面提供技术支撑，充分利用互联网技术，打造AI教室、装置CAI教学系统等综合智能设备，构筑开放、共享、互动性强的学习平台，既能将人才资源、学习资源进行有效整合，也能使教学效果实现最大化。

（六）推进劳动教育协同育人

办好教育事业不只是政府和学校的事情，家庭、社会、个人都有责任。劳动教育的发展进步需要依靠各方力量共同助力，形成全员、全程、全方位的育人体系，以期实现劳动教育效果的最大化。

---

① 潘莉，俎岩．人工智能技术赋能高校劳动教育研究［J］．学校党建与思想教育，2022（23）：56-59+63.

第一，个人维度。大学生是国家的希望、民族的未来，国家的事业发展需要青年大学生的力量。大学生要发挥敢于担当、勇于奋斗的精神，为实现社会主义现代化强国的建设贡献自己的青春力量。大学生作为受教育者，要有坚定的理想信念、良好的精神状态、过硬的综合素质，自觉树立正确的劳动观念，培养健康向上的生活习惯，脚踏实地地做好每件事情。当前社会的知识体系呈现碎片化特征，大学生要勤奋学习，拿出最理想的学习状态，找到最完整的知识体系，以“学海无涯”的精神追求真学问、练就真本领。“吾生也有涯，而知也无涯”，只有用新知识不断武装自己的头脑，才能走在时代前沿。“行之愈笃，则知之益明”，要加强劳动实践能力训练，积极参加劳动实践活动，如勤工助学、公益服务活动、实习等，做实干家，将理论知识有效转化为实践能力，为个人发展打下坚实的基础。

第二，家庭维度。每个孩子的第一所学校就是自己的家庭，家庭也是劳动教育的起点，在大学生成长过程中，性格塑造、习惯养成受家庭家风影响较大。家长作为孩子成长成才的第一任老师，要给孩子上好人生的第一堂课，帮助孩子扣好人生的第一粒扣子。因此，家长要提高对劳动教育必要性和重要性的认识。在生活中，引导孩子养成自己的事情自己做的好习惯，培养孩子动手能力，主动放心地将孩子放在较为艰苦的环境中磨炼意志，如鼓励孩子积极参加夏令营活动、大学生支教活动等。家长要自觉提高个人综合素养。家长在孩子面前要身体力行、率先垂范，加强理论水平，提高实践能力，如利用网络与孩子共同学习劳动教育理论知识，观看励志、奋斗题材的影视作品，共同打扫卫生等，利用共事过程，分享感想，加强与孩子之间的交流，这样既能起到教育作用，也能增进与孩子之间的了解，获取信任感。

第三，社会维度。社会是个大学堂，社会环境对劳动教育的发展影响重大，对大学生生活的影响无处不在。当今社会处于新媒体时代，网络媒体成为大学生获取信息和交流的重要载体。政府要加强网络监督管理，完善网络法律法规，坚持依法治国战略方针，对违反网络法律规定、网络犯罪等行为予以沉重打击，坚持“零容忍”原则。此外，要充分利用网络媒体，打造特色劳动教育课程、积极宣传劳动精神、劳模精神、奋斗精神，为劳动教育的发展营造浓厚的社会氛围。

总之，个人作为受教育者，属于内驱力；家庭、社会作为教育主体，属于外驱力，要内外联合、双向驱动。同时，三个教育系统要与高校紧密联系，加大配合力度实现协同育人的教育效果。

五、营造崇尚劳动的良好氛围

“环境是人类赖以存在和发展的各种因素的总和。”① 学生是生活在家庭、学校和社会中的人，积极的劳动氛围会促进学生树立正确的劳动价值观，消极的劳动氛围则会使学生

① 陈万柏，张耀灿．思想政治教育学原理［M］．北京：高等教育出版社，2015：99.

轻视劳动。因此，新时代继续加强大学生劳动教育，必须从学校、社会、网络三个大环境方面协同营造崇尚劳动的良好氛围，以润物细无声的方式，为劳动教育培育工作营造良好的氛围。

（一）营造育人的校园文化氛围

校园文化是高校的灵魂，校园文化如同春风细雨，飘洒在学校各处，它在潜移默化中影响着教师、学生、其他工作人员的言行举止，校园文化一旦形成就会在师生中一代代传承下去，它的影响力比强制性的灌输更为持久。校园文化建设有助于高校劳动教育资源的整合，多部门多形式地进行劳动教育，有助于营造崇尚劳动的氛围。

劳模精神进校园，营造尊重劳动的校园文化氛围。劳模精神是民族与时代精神的集中体现，与社会主义核心价值观一脉相承。劳模精神始终代表劳动的价值取向，是永不过时的精神财富。在校园文化建设中，通过各种方式宣传劳模精神，如文化周开展礼赞劳模精神的作文大赛，文化墙上张贴劳模先进事迹等。在条件允许的情况下，邀请劳动模范走进校园，与学生零距离接触，让学生在劳动模范声情并茂的演讲中更加真切地感受劳模精神，从而帮助学生树立正确的劳动价值观。

高校教师要成为劳动教育的先锋示范。高校教师不仅要做到传道授业，还要做到为人师表。在劳动教育上体现为，高校教师不仅是大学生劳动教育的教育者，同时也应该通过自己的劳动实际帮助学生树立正确的劳动价值观。对于高校而言，要着力建设一支具有劳动精神、工匠精神的科研队伍，要广泛宣传优秀教师勤于劳动的先进事迹；对于教师而言，教师要以身作则，将劳动精神贯彻到教学的实际中，用辛勤劳动、创造性劳动感染学生。

继续加强校园的制度环境建设。在人群集中的操场、文化园地等集中打造劳动教育文化墙，即在以上地区粘贴劳动模范事迹、劳动标语等教育内容，以润物细无声的方式增加师生的劳动思想认同。重视校园主要建筑物的文化建设即在师生经常出现的场所，如教学楼、图书馆、食堂、宿舍等地，以文字、图片、影像等各种形式展示大国工匠故事，生动自然地传播劳动精神，使劳动精神融入师生的日常生活中，引导学生自觉树立崇尚劳动的新时代劳动价值观。

（二）打造核心价值引领的社会风气

核心价值引领的社会风气是社会主义核心价值观的重要体现，对劳动教育起到重要支撑作用。社会环境作为与大学生学习和生活紧密联系的外部环境，它的建设至关重要。用文艺作品讲好劳动故事、加强舆论引导，有助于打造核心价值引领的社会风气，帮助新时代大学生在积极的社会环境中潜移默化地接受劳动教育。

打造核心价值引领的社会风气要用文艺作品讲好劳动故事，让热爱劳动蔚然成风。优秀的文艺作品能够唤起人们的劳动意识，激发人们的劳动热情。文艺宣传部门要鼓励广大文艺工作者创造优秀的关于劳动的文艺作品。文艺工作者要立足于当代实际，创造出弘扬

劳模精神的优秀作品。文学作品在字里行间传递的价值观能够不动声色地影响人们的价值判断，进而影响人们的行为。文艺工作者要主动担负起吹响劳动号角的责任，弘扬社会主义核心价值观，在作品中潜移默化地鼓舞大学生自觉爱岗敬业，诚实劳动，热爱劳动。新时代大学生要在文艺作品中学会辨析哪种价值观是值得推崇的，哪种价值观是被社会抛弃的。

打造核心价值引领的社会风气要加强舆论引导，纠正不良社会风气。新时代涌现一批利用专业知识，回乡自主创业的大学生，他们有的选择回乡“卖猪肉”，有的利用无人机、智能控温等高端技术服务农业发展，成为“职业农民”，主流媒体从现代农业专业发展的角度为新时代大学生自主创业、回乡建设给予高度的肯定。但是在一些自媒体的报道中却大量使用“震惊！大学生毕业后卖猪肉！”等诸如此类的标题，故意引导职业歧视、劳动不平等观念。新时代大学生应当具备辨别是非的能力，学会在价值辨析中，树立正确劳动价值观，不能被一些刻意歪曲价值观的不良公众号所影响。主流媒体要继续宣扬正确的劳动价值观，相关部门应当加强对舆论的管控，纠正社会中的不良风气。

（三）建设风清气正的网络空间

网络空间天朗气清有助于社会主义核心价值观的弘扬。多样新媒体的出现与其带来的各种信息的传播已经对人们的记忆力与思考进行了重构。新时代大学生在游离于信息化泛滥的网络空间时，若不能辩证分析各种不同价值观，缺乏自己的思考，很容易变成“数据的模板”。营造清朗的网络空间离不开个人和政府的努力。

加强个人健康心态建设，营造清新网络空间。就像自然环境一样，网络空间也需要持续保护，维持清新。大学生在浏览各种信息时，积极、健康、成熟、理性的心态，是清新网络空间的稳定剂。而这种积极、成熟的心态并不是一朝具备的，而是在不断地学习和积累中慢慢积淀出来的，因此大学生要从此刻开始发愤学习，锻炼自己明辨是非的能力，这样才能在价值辨析中保持健康的心态，用自己的健康心态感染更多的人，为营造清新的网络空间贡献自己的力量。加强阵地建设，旗帜鲜明地抵制各种错误观点。阵地建设需要发挥大众传媒的积极作用，从思想上端正大学生的态度。在国家网络空间阵地建设上，政府要在人民网、光明网等官方媒体上积极宣扬劳动最光荣的价值观，在微博、公众号等平台弘扬劳模精神、表彰劳动模范。在校园网络空间阵地建设上，高校要在思想上高度重视网络空间阵地建设，充分利用好校园网络平台，督促学生完成每期的“青年大学习”、在校园公众号上发布一些以劳动教育为主题的内容。

加强法治建设，依法管网。网络空间是虚拟的，但是在网络空间畅游的人是现实存在的，在社会中人就必须维护法律的尊严，遵守法律，坚持权利与义务相统一原则。建立健全互联网法规制度，确保网络空间的健康运行。要切实贯彻有关网络的法律法规，落实《信息网络传播权保护条例》等一系列条例，确保有法可依，执法必严。

第四章　新时代大学生家国情怀教育

家国情怀乃立德修身之本，是中华儿女血脉中不竭的精神涌流。高校应以大学生家国情怀教育作为立德树人的逻辑起点，培养大学生成为可堪大用的有为青年。在高校家国情怀教育中，引导大学生不断增强担当意识和社会责任感。

第一节　新时代大学生家国情怀教育的时代特征

家国情怀深埋于中华儿女的血脉之中，具有悠远的历史文化根基，是历代中华儿女心中最深层、最崇高的爱家与爱国情感。“家”与“国”一脉相连，家国情怀见证了中华民族传统社会几千年的兴亡盛衰，这期间虽然存在战事和纷争，但中华民族始终屹立不倒，蓬勃发展。身处新时代的大学生必须在爱国与爱家的树德怀远中汲取养分，涵养新时代家国情怀。因此要进一步厘定家国情怀相关概念，追根溯源，从而深入把握家国情怀的内在机理和核心特征。

一、核心概念界定

家国情怀包含个人对自身、家庭、国家乃至对世界的政治认同、思想认同、理论认同和情感认同以及关系认知，是人们对“家国一体”的认同感、使命感、依赖感和责任感所衍生出来的冥冥之志。家国情怀在中华民族历史发展中随着不同时期的历史条件转变和时代更迭，显露出具有差异性的表现方式，但无论是对于家庭还是国家的热爱在本质上是一致的且是相通的。在新时代，家国情怀囊括了新的内涵和特点。

（一）“家”

“家”一词凝聚着一种道德文化，这种文化把我国的古代社会逐步推向现代文明，始终是中华民族永不磨灭的民族精神，也承载了一个民族的灵魂归属和特有的文化自信，承载着灿烂辉煌的中华传统文化。西方学者朱迪斯·弗兰德斯（Flanders）在 *The Making of Home*（《家的起源》）一书中提到：家是一个特别的地方，是一个让我们真实面对自己的地方。且家庭的教育体系由于其环境与功能差异，对其成员发展的影响也有明显不同。通过对家长的教育方法、家庭教育结构变化及其对子女们发展影响的研究，都证明了家庭教育体系强烈地影响着个人的心智、行动和情感。把家庭和睦视为社会平等的基石，将家庭成员间的共同义务与责任确立在亲情仁爱的基石之上，这既是我国家文化的特质，也是在家文化传承中积极的影响因素。

家是能够供我们的身体与精神休憩的场域，但没有规矩不成方圆。家训，治家之仪轨，修身养性之标准，都应当人人遵循，堪称“一家之法”。在不同历史阶段，家风对社会的稳定产生了积极影响，它已成为传统法律之外的重要补充和辅佐手段。家风正，民风淳，国风清。摩尔根认为，家庭是社会制度的产物，它将反映社会制度的发展状况①。所以，人们必须发扬家庭文明，弘扬传统优秀道德文化，以家训、家规、家诫约束自身，使“家国一体”深入人心，使中华文化繁荣昌盛。

（二）“国”

从广义的角度，国家是指具有共同的语言、文明、民族、地域、政府制度和历史文化的社会群体。从狭义的角度，国家是指由特定区域内的社会群体所组成的共同体形态。更确切地说，国家是人类社会发展到一定历史发展阶段上的必然性产品。而就人性情感来说，国家既是人们的精神归属地，也是人们的保护伞，而国家的盛衰安危也和每个人都密不可分，所以我们每一个人都必须用自己的生命和汗水来维护国家荣誉，为国家的繁荣昌盛贡献一己之力。雨果说过，“人民不能没有面包而生活，人民也不能没有祖国而生活”。祖国在中国人的眼中有一个共同的名字叫“中国”，无论时代如何变迁，社会形态如何更替，“中国”已经成为中华儿女共同的家国认知。中华民族是先辈们所开辟出来的共同生活之地，也是千百年以来人类互相保护与守望之所，“爱国”就要喜爱自己国家的历史文化、大好山河和民族精神。一个连自己祖国都不愿意去爱的人，很难想象他还会对这个世界、对他人抱有温情和挚爱。

（三）“家国情怀”

家和国在漫长的历史发展中已经逐步形成了一个关系共同体，个体个性的形成、情感的衍生以及社会行为的产生，离不开家庭与父母的相互作用和情感关系，而家庭又离不开国家这个有机体的支撑。家的生存和发展有赖于国家的生存和发展，为实现国家的繁荣富强而努力是爱家护家的最高表现，国家和社会是由众多家庭所构成的，家庭是国家的基础单元，而国家又是个体发展的基础环境。“情怀”指的是人们的某种崇高的心态和胸怀，它是从人的情感出发产生的，而“家国情怀”则指人类从思维和人文情感中，由内而外形成的某种对祖国强大的认同心、责任心和依赖感。家国情怀在新时代的背景下仍然充分发挥着不可或缺的重要功能，具有其全新的现代意义和独特价值。

家国情怀是对抗未知危险的精神支持，家国之间相互影响、相辅相成。家国情怀不仅表现在每个家庭对国家的责任上，还表现在“家国共同体”对每一个家庭的责任上，从而成为家庭赖以生存发展的坚强后盾。只有使一个个小家都意识到了国家的力量，家国情感才能在一个个的小家中寻根生基。在现阶段，全国各地政府部门也正以自己的实际行动，承担起对每一个家庭的责任，都能够体现国家政府的强大意志，也都是家国情怀在整个国

① 马克思恩格斯选集（第4卷）[M]. 北京：人民出版社，2012：95.

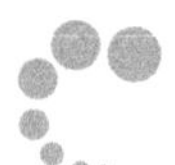

家层面上的具体体现。

二、中华优秀传统文化中蕴含的家国情怀深刻内涵

中华优秀传统文化中蕴含的家国情怀深刻内涵主要体现在以下几个方面：在个人修养表现为“正心笃志，崇德弘毅”的人格修养教育与“自省慎独，为仁由己”的道德自律方法；在家庭治理方面表现为“孝亲敬长，睦亲治家”的道德伦理实践和“以公去私，去利怀义”的家国本位追求；国家治理方面主要表现为“六合同风，九州共贯”的基本国家认同和“民惟邦本，本固邦宁”的民本治国理念；在天下社会治理秉承“大道之行，天下为公”的天下大同理念和“和衷共济，和合共生”的多元和合之道。

（一）“正心笃志，崇德弘毅”的人格修养教育

正心诚意是儒家人格修养的前提，指的是人的态度要端正不存邪念，意真诚，心纯正，自我道德不断完善就能达到修身齐家治国平天下的境界。如何通过正心抵制诱惑，排除私欲。孟子认为“养心莫善于寡欲”① 最好的办法是减少不正当的想法，欲望过多的人往往会利欲熏心做出违法乱纪、违背道德的事情，最终陷入万丈深渊。因此要正确看待自己内心的想法，时刻提醒自己，冷静分析自己周围的事物，保持中正平和的心态，努力使自己知情意行和外界相融合。“笃志”一词出自《论语·子张》：“博学而笃志，切问而近思，仁在其中矣。”要求广泛地学习达到学问渊博从而坚定自己的意志。崇德，即崇尚美德。修私德是中华优秀传统文化的核心内容，儒家文化要求君子具备仁爱、勇敢、智慧的道德品格；弘毅，出自《论语·泰伯》：“士不可以不弘毅，任重而道远。”要求人们具有刚强坚定的意志去承担自身责任。正心笃志，崇德弘毅的人格修养旨在培养理性平和、一心向善、坚韧豁达的大局胸怀，在学习中不断提升自我道德修养，涵养爱国情怀，铸造爱国主义品质，树立远大理想，勇担社会责任，贡献自己的力量。

（二）“自省慎独，为仁由己”的道德自律方法

道德自律是君子人格修养的重要方法。其中，“自省”是一种自我心理活动的反馈，它是指站在旁观者的角度去审视自己的言行举止是否符合社会道德规范，通过自我检讨、自我沟通、自我改正、自我进步、自我提升等内心不断改造完善自己。“慎独”二字，顾名思义，“慎”其“独”者也。汉代经学大师郑玄的解释是：“慎独者，慎其闲居之所为”也就是即使是一个人的时候，也要遵循社会的道德规范，不做任何有损道德品质的事情。《中庸·天命章》里指出：“即使在别人看不到的地方，自己内心也要关注显微，对于极小的事情，内心也要及时观察细微。”因此，君子在独处时要更加谨慎小心，不正当的欲望就不会潜滋暗长。“为仁由己”出自《论语·颜渊》中“为仁由己，而由人乎哉”，意思是实行仁德，完全在于自己，难道还在于别人吗？这主要强调了个人在完善个人道德修

① 杨伯峻．孟子译注［M］．北京：中华书局，2008：268.

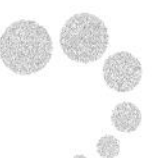

养时应该发挥个人的主观能动性，坚持慎独自省方法，完善自己的人格修养。

（三）“孝亲敬长，睦亲治家”的道德伦理实践

齐家是中华优秀传统文化的重要内容，是连接个人和社会必不可少的环节。《孝经注疏》：“孝者，天之经也，地之义也。”孝，乃天经地义的伦理责任。修身人伦中极为重视孝道，把孝置于百善之首。孝行，具有层次性。首先，供养父母，要满足父母最基本的物质生活所需。对于自身来说，要做到不损伤自己的身体，这是小孝；其次，以爱行孝，满足父母的情感需求，敬重他们，让他们称心满愿，内心康乐这是中孝；再次，扬名显亲，实现自己的人生价值和社会价值，这是大孝；最后，帮助亲人明白人生的价值和意义，拥有真正的生活智慧，这是至孝。家庭主要由夫妇、父子、兄弟为基本伦理框架构成。睦亲则是指家庭成员恪守家庭伦理，家庭成员彼此和睦相处，才能实现家族的兴旺发达，国家的繁荣昌盛。关于家庭和睦，朱熹在《朱子家训》提出了较为全面的观点：“父之所贵者，慈也。子之所贵者，孝也。兄之所贵者，友也。弟之所贵者，恭也。夫之所贵者，和也。妇之所贵者，柔也。”首先，父亲要慈爱，爱护自己的子女，儿女要学会敬守孝道，兄长爱护弟弟，弟弟要学会尊敬兄长；夫妻关系作为家庭伦理的核心关系，丈夫应该对妻子和睦，妻子对丈夫要和顺，在家庭中每个人扮演自己的角色，恪尽职守，不断提升自身的道德修养，家庭才能和顺美满。

（四）“以公去私，去利怀义”的家国本位追求

传统儒家思想在对待义利问题上的基本态度是一样的，在面对公利与私利的选择上都主张公利为先，倡导个人利益要服从集体的利益，当两者发生冲突时，个人利益要服从公共的利益。陈来以“公私”的视角来考察尽义务的先后，即“个人是私，家庭是公；家庭是私，国家是公"①。而家庭作为连接个人与社会的关键环节，其教育理念与家族的兴旺发达和国家的繁荣发展息息相关，在家庭承担责任与义务要分清公私的轻重缓急，明确社会群体的利益高于个人的利益，倘若“怀利以相接”② 利益一旦发生冲突，必然会产生争斗，失去稳定与和平。而“义”成为处理公私利益的重要准则，孟子主张要“去利怀义”，在义利不可兼得的时候要舍生取义，荀子也同样提出要“以义制利”，这样有效地防止了个人利益的膨胀，对于社会成员积极规范自身行为，维护稳定和平的家国天下具有重要的意义。义利是儒家一直所提倡的价值理念，但是从现实角度讲，我们也尊重人们物质利益与精神利益的相统一。义利关系是辩证统一的，孔子提出“重义轻利”，不否定通过正当的手段来获取来换取自身物质需要，但是前提是通过道义的方法去获取，将“义”作为内心的基本准则，义利面前做到有所为有所不为，即为后来所流传的“君子爱财取之有道”。“义利相兼，以义为先”成为家庭教育中连接个人与社会的关键环节，在中华民族源远流长的历程中逐渐内化为中国人的价值追求与治国理政的重要理念。

---

① 陈来．守望传统的价值：陈来二十年访谈录［M］．北京：中华书局，2018：152.

② 孟子引得［M］．上海：上海古籍出版社，1986：47.

（五）“六合同风，九州共贯”的基本国家认同

“六合同风，九州共贯”出自《汉书》，是古人追求的政令统一的大一统状态。西周时期周王采取分封与宗法制相结合的统治秩序，形成的是以周王为核心的“大一统”格局，“尊王”成为“大一统”的核心内容。随着历史的推进“大一统”被赋予不同的内涵。汉代董仲舒在《天人三策》指出：“《春秋》所主张的大统一是天地发展的规律，适用于任何时代的道理，主张用法令和制度的统一来消除不同的观点。”董仲舒主张通过礼教的方式将仰慕华夏的夷狄纳入华夏的范围之内①，在文化上，汉武帝则采取董仲舒思想要统一的建议，实施了“罢黜百家，独尊儒术”政策达到思想文化的统一。隋唐时期大一统的思想进一步巩固发展，在完成分裂割据的局势下，建立更加丰富的天下观，大一统演变为“华夷之辩”，隋炀帝发出“日月所照，风雨所沾，孰非我臣”“兼三才而建极，一六合而为家”的声音，主张突破华夷的界限，在一定程度上促进了民族的凝聚力与向心力。明清时期一直保留着“大一统”的格局，其对边地的治理都延续唐朝的治理模式，改土归流，入编户。在清末之际，虽然清朝的藩属国沦为西方的殖民地，但在西方的记载历史上，清朝的藩属国并没有被列入世界史，而是被写入中国史，由此可见，“大一统”不仅局限于中国的各个朝代，也包括各个藩属国。在中华5000多年的历史中，“大一统”不仅局限于疆域、政治经济、思想文化的统一，更是一种国家观、世界观，它不仅影响着中国古代的政治格局，更影响着中华民族深层次的文化心理结构，是中华民族多元一体格局的重要思想来源。

（六）“民惟邦本，本固邦宁”的民本治国理念

在中国古代社会，由于人类对自然界和社会的认识受到生产力水平的限制，统治阶级把对天的敬畏转移到了对待重视人民的行为活动中。需要明确的是“民本”中，“民”指的是相对于统治者而言的民众或者百姓。但不可否认的是传统儒家文化中所蕴含的重民、富民、爱民、利民等思想有诸多可取之处。东汉时期的王符认为：“天以民为心，民安乐则天心顺，民愁苦则天心逆。”② 通过自然界与人类社会的关系，主张统治者要尊重民心，重视人民，民意成为统治者治理国家考虑的重要因素；如何重民，管子提出“凡牧民者，必知其疾”③。必须了解民众最需要的东西，即生存温饱问题，孟子提出“制民恒产”要保证每家每户都拥有居住和生存的物质基础，要有最起码的生产资料，满足日常生活所需。在政治上，爱民思想更是数不胜数，孟子提出“君，舟也；庶人者，水也。水则载

① 胡静．“大一统”思想与中华民族共同体意识的形成［J］．青海民族大学学报（社会科学版），2021，47（02）：36．

② 曹德本．中国政治思想史［M］．北京：高等教育出版社，2012：196．

③ 管子［M］．李山，译注．北京：中华书局，2016：277．

舟，水则覆舟”[①]，因此，也便有了“民惟邦本，本固邦宁”[②]“民为贵，社稷次之，君为轻”[③] 等众多重民的政治主张。爱民利民思想在实践中只是局限于统治阶级的道义遵守，是统治阶级维护自身统治的“手段”，在实际中并没有明确的法律规定去保障，其本质仍然是维护统治阶级的利益。但是也应该看到，众多民本政策的推行潜移默化地影响着各个时期的政治家和思想家，使人民是国家发展的根本这种思想根深蒂固地驻扎在民族发展历程中，成为中华文化发展的重要价值取向。在历史发展中成为统治者治国安邦的重要价值理念，为国家的稳定团结奠定了坚实的基础。

（七）“大道之行，天下为公”的天下大同理念

“天下为公”最早可追溯到我国古代的禅让制度，即统治者把自己的首领之位让给有才能、本领大、德高望重的人才，我国历史上尧去世后让位给舜，不把天下作为私有财产，大道成为治理社会的最高原则。《礼运》对大同社会作了详尽的阐释：“在社会治理方面，要选择有才能的人，人们之间要诚信，和睦相处；在家庭方面，人们不仅是孝顺自己的父母和爱护自己的孩子，而是在成长的每一个阶段，各司其职，使个人的能力得到充分发挥，最终达到老人可以颐养天年，年轻人可以为社会效力，孩子可以健康地成长，更甚至没有人赡养的老人、残疾人、孤儿等得到好的供养；在社会公共事务上，为了社会公利竭尽全力，没有私利偷盗之类的事情发生，最终达到外户而不闭和平安定的理想社会。”[④] 在这里，一方面强调大同社会要恪守“仁爱”原则，做到推己及人，不仅“爱”自己的父母和子女，也要“爱”别人的父母和子女，男女老少基本生存要得到全面发展，在这个社会里人人都能受到关爱、安居乐业；另一方面在公心和仁爱的前提下，人们各尽其力、各得其所，遂有“外户而不闭”的安定局面，“大同”社会描述的理想生活，寄托着儒家崇高的社会理想，同时承载着古代人民对美好生活的向往。

（八）“和衷共济，和合共生”的多元和合之道

“和合”一词最早出现于春秋时期的《国语·郑语》：“商契能和合五教，以保于百姓者也。”春秋战国的史伯提出“和实生物，同则不继”的和合思想，认为只有不同的事物之间相互和谐，才能生万物，如果所有东西都保持一致的话，世界也就不会发展了。主要包括以下三点。第一，和合思想蕴含着深刻的生态伦理思想。天人合一的生态智慧，倡导把人作为宇宙的一部分，要尊重自然，顺应自然，保护自然，在实践中达到主客观的统一。为此，荀子提出“制天命而用之”，要掌握自然界的规律，做到“顺应天时，不违农时”促进人与自然的可持续发展；张载也提出“民胞物与”主张爱一切的人与物，主张人与自然和谐共生。第二，和合思想蕴含着丰富的外交思想。孔子尊崇“礼之用，和为

---

① 荀子［M］．安小兰，译注．北京：中华书局，2007：77.

② 论语［M］．张燕婴，译注．北京：中华书局，1985：369.

③ 孟子［M］．万丽华，蓝旭，译注．北京：中华书局，2006：324.

④ 曹德本．中国政治思想史［M］．北京：高等教育出版社，2012：196.

贵”。《论语·学而》，认为治理国家大事，礼仪制度都要讲求和的价值理念。早在著作《尚书》就写道：“要彰显自己的品德，才可以使族人亲和团结，家族和睦就有能力去辨别其他各族的事情，进而协和万邦，天下万民也就跟着和睦起来。”① 因此统治者要和自己的家族亲密和睦，协调诸侯万邦，这样天下才会达到和的境界。邻国之间交往更要做到亲邻善邻，以和为贵。第三，和合思想蕴含着人际交往的原则。“以和为贵”一直都是儒家所提倡的价值理念，孔子提出，“君子和而不同，小人同而不和”②，这里的“和”主张人们交往时要和睦相处，但可以保持自己的观点意见，与人赤诚相见、肝胆相照。由此可见，中华民族历来重视和衷共济，和谐万邦、以和为贵的思想理念，和合成为人与自然、人与社会、人与人之间交往的重要准则，是国家安定团结的重要元素。

三、新时代大学生家国情怀培养的基本内涵与鲜明特征

家国情怀是中华民族传统文化至关重要的构成部分，蕴含着个人对家庭、社会和国家的责任意识和担当意识，代表了我国人民重家爱国的道德情感，包含了深厚的社会文化内涵。当前，随着中国社会主义事业进入了一个全新时期，新时代大学生的家国情怀培养也被新时期赋予了全新的教育意义。

（一）新时代大学生家国情怀培养的基本内涵

巴甫洛夫说，“我无论做什么，始终在想着，只要我的精力允许的话，我就要首先为我的祖国服务”。社会责任感和民族担当意识是家国情怀的核心要素。如今，中国特色社会主义事业步入了崭新时代，中国经济发展站在了全新的历史发展位置上，而随着当今世界多极化、经济国际化、社会现代化、人民生活多元化的深入推进，人工智能、大数据、云计算等新兴科技正逐渐变革着人们的经济社会生活。当代中国正处在千帆竞发、百舸争流的奋斗时期，同时肩负推动中华民族宏伟繁荣的历史重任，而新时代大学生是推动中华民族发展的未来新星。

综合看来，新时代大学生家国情怀培养的基本内涵可以归纳为：在新时代的大背景下，以培养当代大学生良好的家教、家风和爱家之情为首要前提，以提升当代大学生的社会责任感、国家认同感、民族担当意识为核心内容，以构建当代大学生爱国与爱家相统一的主体意识为最终目的，通过校园环境的氛围熏陶和实践活动的组织开展，在奋力实现中华民族伟大复兴的进程中，培养当代大学生家国情怀。

（二）新时代大学生家国情怀培养的鲜明特征

在新时代的背景下，大学生家国情怀被赋予新的特征，主要集中于学生的自主能动性、校园环境氛围影响性以及培养的与时俱进性。

---

① 孟子．四书五经［M］．北京：中华书局，2014：2017.

② 杨伯峻．论语译注［M］．北京：中华书局，2014：196.

1. 学生具有自主能动性

子曰："德之不修，学之不讲，闻义不能徙，不善不能改，是吾忧也。"孔子的四忧同时也是对我们个人品德操守的建议。一名受教育者，想要追随真理，学习知识，首先重中之重在于修行——修个人之品行。传统的教学模式是以教师为主导，以教师课堂教授为主要模式，学生被动接受。新时代大学生呈现多元化的特点，而教育的目的和任务，是让学生的综合素质得以全面发展，培育学生的主体意志、自主精神和自学能力，为学生的个人发展创造更丰富的必要条件，为学生将来应对现代社会做好准备。

大学生家国情怀的培养不拘泥于外界环境影响下的被动接受，且学生的家国情怀存在于自己的思想和内心深处，归根于自身对家庭、国家、社会和集体的认同感、归属感和责任担当意识，当大学生自主构建家国情怀的培养意识，才能真正显现学生的主体性并且有利于提升培养的效率与质量。学生发挥其主观能动性，以更加开放包容的心态接纳与高校开展的家国情怀主题相关的系列活动，提升参与的热情程度和培养效度，同时能够自发组织和搭建活动平台，使得更多的人融入家国情怀培养的境脉中。

2. 校园环境氛围熏陶

大学具有独特的学术自由性，能够提供一个学生喜闻乐见、自主性极强的校园环境和学习氛围。大学校园富有文化内涵与历史底蕴，这体现在其特色建筑、校园社团、学生会以及各类展览馆等，家国情怀的培养潜移默化于校园生活。大学校园内建立时事宣传栏，能够及时更新宣传国内重要时事资讯，积极传播党和政府的重要方针政策以及最新变化。在学校人流量较大的区域设置伟人雕像，以宣传伟人事迹，塑造榜样力量，强化爱国教育、集体主义教育，引领全体学生牢固树立心里有祖国、心里有集体、心里有他人的主体意识。为大力宣传中华优秀传统文化教育事业，由校党委组织并领头，并由分团委、学生会、学校青年志愿者协会等学校组织举办并普遍开展与家国情怀的相关教学和实践活动，包括中华传统经典阅读教学活动、演讲比赛和学生集中观影教学活动等，利用如《长津湖》、《红海行动》和《满江红》等影片激发当代大学生的家国情怀。同时能够积极发掘中华民族传统文化的精神底蕴，更加注重家风家训文化教育，组织相关主题的教育实践活动，有利于营造家国情怀培养的良好氛围。

3. 培养的与时俱进性

根据时代发展变化的特点，大学生家国情怀在新时代面临更高的使命要求，创新家国情怀培育的模式十分重要。在新的历史发展方位，我国实现了从站起来到富起来，再到强起来的历史性飞跃。网络时代的快速发展，为家国情怀的培育创造了新的平台，利用抖音、微博、微信公众号、知乎等自媒体，将优秀的传统家国情怀的内容与新时代家国情怀培养的内容进行结合，建立有关家国情怀教育的网站，为广大学生学习家国情怀的相关内容提供了平台，促进大学生家国情怀的培育。同时，注重把大学生家国情怀培养融入艺术教育之中，使得家国情怀培育的模式更为新颖。

四、新时代大学生家国情怀培养的理论渊源

中华传统文化中蕴含的家国文化、爱国主义信念、仁者爱人思想和家国同构理念，是当代家国情怀的历史根源和理论基础。在马克思主义理论宝库中，对如何看待爱国主义和人类情怀，以及如何处理爱国主义和国际主义之间的关系，都进行了深刻论述，为后续无产阶级夺取政权、处理对内对外关系提供了重要理论支撑，马克思主义青年观也为新时代大学生家国情怀培养提供了重要的理论基础。中国共产党人在领导中国人民进行革命、建设和改革的历史进程中，彰显了深挚的爱家情怀和爱国情怀，对什么是爱国主义、如何处理爱国主义和国际主义关系有着深刻的阐述。

（一）中华传统文化中蕴含的家国情怀思想

1. 中华传统文化中的家文化

在悠久的历史长河中，国家文化逐渐与我国的传统信仰、文化风俗和文明生活融合。岑参《逢入京使》中的“故园东望路漫漫，双袖龙钟泪不干”、张籍《秋思》中的“洛阳城里见秋风，欲作家书意万重”、王建《十五夜望月》中的“今夜月明人尽望，不知秋思落谁家”，无处不彰显自古以来人们对于家所特有的浓厚情感和眷念。根据《现代汉语词典》的解释，家风亦即“门风”，家训即“家庭或家族对子女教导或训诫的话”①。“家风”一词较早见于魏晋南北朝，唐朝以后开始大量运用。东晋玄学家袁宏提出“有家风化导然也”之说，指出家风的重要功能为“化导”，即进行感化和引导。南北朝时期颜之推在《颜氏家训》中提出，对于社会公德应该持有的态度和义务：“救灾周急，排难解纷。修道路以利人行，造河船以济众渡。兴启蒙之义塾，设积谷之社仓。”② 中国古代把家风教学当作培养孩子的初期阶段，主张“自童子耳熟家训”“昔称幼学，早训家风”“少习家训，长得名师”。唐宋以后，古人强调待人仁爱宽厚、乐善好施，如朱伯庐在《朱子治家格言》中要求家人“与肩挑贸易毋占便宜，见贫苦亲邻须多温恤。刻薄成家，理难久享；伦常乖舛，立见消亡”。

研究传统家训的内容、载体、方法等，深挖传统家训家风传承与家族盛衰的关系，能够为当今个人品德、家庭美德和社会公德建设提供极有价值的参考借鉴。个人道德的正向成长取决于家庭教育伦理品格的培养，良好的家风是培养人才的珍贵精神财富，是人们涵养家教、建立良好家庭教育的一条关键途径。

2. 中华传统文化中的爱国主义信念

所谓“爱国”，也就是指个别及群体对祖国发展的正面心态，而这种心态通常包括了支持、热爱甚至献身。爱国主义的内容既包括了对国家主权的捍卫，对祖国大好河山的爱

① 现代汉语词典［M］. 北京：商务印书馆，2014：621-622.

② 张仲超 . 颜氏家训［M］. 北京：北京线装书局，2010：3.

护，还包括对优秀传统文化的继承和弘扬。爱国主义精神是推动中华民族历史演进的精神支柱，是大力推动民族独立解放斗争的动力之源。在新时代，它将继续汲取以爱国主义为核心的时代精神的不竭力量，发展成为更具创新性、开放性、包容性的当代爱国主义精神。

我国传统文学中蕴含着丰富的爱国思想，通过各种历史遗迹、经典著作、名人名家言论等各种载体和形式体现出来。概言之，中华优秀传统文化教育中表现的爱国思想主要体现在以下方面。一是忧国忧民、关心社稷的家国情怀。大凡政局变革、战争动乱，仁人志士们无不感怀时运，并将爱国主义精神由内而外地显露出来。曹操的“烈士暮年，壮心不已”和文天祥的“人生自古谁无死，留取丹心照汗青”，就体现了这种情怀。二是敢于拼搏、生生不息的战斗与奉献精神。无论是郑板桥的“千磨万击还坚劲，任尔东西南北风”，鲁迅的“横眉冷对千夫指，俯首甘为孺子牛”，还是中华儿女联合起来抗击外侮获得抗日战争的胜利，或是近两年的人民子弟兵参与河南抗洪抢险、战士严守边防不惜牺牲生命，等等，都是爱国的体现。三是重义轻利、崇尚精神境界的社会价值。《史记》指出“极身无二虑，尽公不顾私”。以义为上，以义制利，是中国传统社会义利观念的鲜明特征，当个人和集体或家庭与国家之间的利益关系发生矛盾之际，无数志士仁人会毫不犹豫为国牺牲，表现出崇高的爱国主义精神。

3. 儒家思想中的仁者爱人思想

孔子将“仁”作为贯穿他整个思想体系的总纲领，并在中国历史上第一次将仁完善成为人本哲学。孔子云“仁者，爱人”，“仁”是孔子心目中一切德行的根本，是不可或缺的精神品质。其实“仁”在孔子提出以前已经形成伦理上的一种主要范畴，列为各种美德之首，是一种最高的美德[①]。仁即“爱人”。子张问仁于孔子，孔子曰：“能行五者于天下为仁矣。”“请问之。”曰：“恭、宽、信、敏、惠。恭则不侮，宽则得众，信则人任焉，敏则有功，惠则足以使人。”即为人庄重、宽厚、诚实、勤敏、慈惠。《礼记·中庸》所谓“己所不欲，勿施于人”，为“仁”，必须克制私心和私欲，克己复礼。而如何实现“仁”呢？知识即道德，而道德源于知识，这是孔门师生所共信的真谛，正所谓“玉不琢，不成器；人不学，不知义”，必须经过思辨才能进行正确的抉择，而知识是思辨的基础。孔子对于理想人格最简明扼要的说明就是“修己以安人”，“修己以安百姓”，他还提出“事其大夫之贤者，友其士之仁者”。以上这些都体现了仁爱的精神[②]。孝悌是仁爱的起点。《孝经》提出，“夫孝，天之经也，地之义也，民之行也”。仁的内涵要从各方面体现出来，《舜典》记载“帝曰：契，百姓不亲，五品不逊。汝作司徒，敬敷五教，在宽。”其中所提及的“五教”，包含的父义母慈、子孝属于“孝”，兄友、弟恭称为“悌”。孝悌是仁爱的根本，而仁是君子最基本、最核心、最崇高的修养和品德。孟子提出立爱而亲

① 于文斌．论语类解［M］．长春：吉林文史出版社，2007：81.

② 宋淑萍．中国人的圣书：论语［M］．北京：九州出版社，2017：16-137.

始，“亲亲而仁民，仁民而爱物”[①]。孔子还提倡宽容，反对对犯错误的人采取过于严厉的做法，说：“人而不仁，疾之已甚，乱也。”仁爱就是要对任何事物采取负责任的心态，爱亲则是不惜牺牲个人权益，敢于担责，“当仁不能使于师”。仁者爱人思想彰显了无论是对亲人，还是对所有人的宽容之心、奉献之心和自身的自律与反省，是家国情怀深层次的内核所在。

4. 中国传统文化中的家国同构理念

家国同构作为中国传统社会的重要结构性特征，蕴涵着由家庭到国家的逐步递进关系，是一种共通性的表现。宗法制与封建制相结合，进而衍生出西周时期的修身齐家治国平天下。天子承天命而有天下，诸侯受封于天子而有国，卿大夫再受封于诸侯而有家，通过血缘的纽带而将天子、诸侯、卿大夫联结起来[②]。《易传·序卦》对宗法制有这样的阐述：“父子在其君臣前；有君臣，然后有上下；有上下，礼仪才会有所错，夫妇之道才可以长久也。”君和父这两个系统分别使社会和家庭融为一体，而家国同构的宗法社会特征使其伦理思想成为巩固传统家国情怀思想的手段。

家是国的缩影，而国则是家的扩大。《孟子·离娄上》说道：“天下之本在国，国之本在家，家之本在身。”由此可见，我国的传统社会处于“家国同构”的社会发展模式，也就是把国当成家来管理，把治家与治国放到同样重要的地位上。家国同构的理念首次被提出是在汉代，两汉时期是中国封建王朝进一步形成和巩固的时期，儒家的政治伦理观念逐渐占据了统治地位。忠于国君、忠于国家、忠于朋友等基本内容，在春秋战国时期，忠孝观点就已基本构成了“孝亲”“忠君”的思想共识，并形成两个最主要的政治伦理学观点。《春秋繁露·五行对》写道：“忠臣之义，孝子之行，取之土。土者，五行最贵者也，其义不可以加矣。”可见，忠和孝是同源同生，如同家国一体那般紧密相连[③]。但总的来说，这时的忠和孝之间还是存在着明确的区别，同时孝亲观点也显然要重于忠君。在封建社会产生形成的家国同构思想理念，是中国儒家思想文化的重要内容，也是家国情怀思想的重要组成基础。从西周到现代社会，“家国同构”的社会结构从本质上产生了显著改变，不再是以“亲亲”和“尊尊”为宗族和政治的价值核心，但“家国同构”作为中华优秀传统文化，所蕴含的历史价值意蕴并没有发生变化，所塑造的个人、家庭和国家作为荣辱与共的共同体以及国家利益至上的观念等，对于凝聚中国力量、培养时代新人仍具有重要的启示意义。它在反映家国之间内在联系、重视家庭家族之间的血缘关系、强调孝道的传统美德、塑造中华民族的“家国同构”的民族性格、体现中国人的“家国一体”文化心态、稳定家国之间的社会关系等方面发挥了不可替代的重要作用，是中国封建社会保持长期稳定的重要特征。新时代要大力弘扬社会主义核心价值观，进行家庭、社会和国家三者

---

① 舒大刚．至德要道：《儒家孝悌文化》[M]．济南：山东教育出版社，2012：1-27.

② 王国维．王国维文集（下）[M]．北京：中国文史出版社，2007：313.

③ 苏舆．春秋繁露义证 [M]．北京：中华书局，1992：316.

之间的价值建构，从而进一步开展对高校大学生的家国情怀培养工作。

（二）关于大学生爱国主义品质培育理论

大学生爱国主义品质的形成与发展是道德内化与外化相统一的过程，因此对大学生爱国主义品质的培育必须明确个体品质形成的过程与个体道德发展的规律。

个体爱国主义品质的形成要经过两个阶段，第一阶段为社会爱国意识在主体爱国意识心理机制的影响下内化为主体的爱国主义意识，第二阶段在爱国主义意识的支配下将其外化为爱国行为实践的过程，个人通过社会外化因素与内化的个体自觉意识相互促进、相互连接，共同作用于爱国品质的形成。因此，对于爱国主义品质的培育通过社会家庭等外部因素，通过内因与外因相结合的方式内化为主体的价值体系；同时，学生个体要发挥主观能动性，将爱国核心理念内化于心，外化于行，爱国具有时代性，其内涵随着时代的发展而不断丰富，因此爱国主义品质的培育也必然要随着社会与人的发展处于动态发展中，个体爱国主义品质在某一阶段形成的稳定特质并不意味着爱国品质形成的终结，而是某一阶段爱国主义品质内化过程的结束，爱国品质的培育始终处于阶段性动态发展中。

根据道德发展理论，道德认知在不同发展阶段有不同的表现，人的认知水平是从低到高循序渐进的过程，因此在家国情怀培育过程中，遵循循序渐进原则，尊重人类认识发展规律，从亲身实践中获得感性认识到逐渐上升到理性认识再到实践循环往复，螺旋式地上升。另外，注重学生个体的差异性，由于个体生活环境以及社会市场经济的影响，不同学生在表达爱国时会出现偏激等非理性的行为，要及时关注个体差异，加强爱国情感的引导，帮助学生确立正确的政治方向。

五、新时代大学生家国情怀培养的时代价值

家国情怀，是对自家而国、一脉相承的情感取向和人生追求，是人类历史的文化积淀。新时代有新的历史使命，大学生作为我国经济高质量发展、为社会发展创新创造的中国新生动力和重要一环，就必须有崇高的志向、坚定的信仰，在新征途中进一步加强“四个自信”，以积极向上的态度面对学习、生活和今后的工作。要在新的历史条件下，深入挖掘大学生家国情怀培养的时代价值。

（一）弘扬民族精神

我国社会主义建设工作走向崭新时代，这是一个新的历史发展方向。“新时代”代表中国社会经历了全方位的深刻变革，“家国情怀”仍然充分发挥着不可或缺的重要功能。新时代家国情怀是广大中华儿女的最高文化精神领域，是推进华夏辉煌的文化精神武器。古往今来，这些情感对于国家和个体都起到了不可磨灭的作用，所以高校大学生必须努力传承和持续发扬，贯彻以人为本的理念，使爱国主义的情感永驻心间。

1. 弘扬中华优秀传统文化

新时代家国情怀是对中华优秀传统文化的继承、弘扬和创新。习近平总书记指出：

“中华文明不仅对中国发展产生了深刻影响，而且对人类文明进步作出了重大贡献。”① 坚守和弘扬爱国主义理想信念，必须尊重和传承中华民族历史和文化。自觉承担国家和社会责任是每个公民应尽的义务，而爱国则是社会责任中对公民最基本的要求，家国情怀中囊括了爱国主义精神。国家稳定发展和繁荣昌盛，给予个体施展才华和能力的机会与空间，才能实现个人对美好生活的追求。同时，个人的爱国主义精神将把个人前程和国家民族发展命运联系起来，在促进我国社会主义前进的过程中奉献了自身的力量，才能更好地促进个人价值的实现。所以，要坚持社会主义科学的国家观和人民观，正确看待个人与国家和人民之间的关系，通过培育大学生的爱国精神自觉地捍卫国家利益和民族团结，同时以开放包容的态度面向世界。在现阶段，爱国主义最基础且最主要的表现，就在于不遗余力地团结全国人民形成最广泛的爱国主义人民共同统一阵线，保卫国家，促进民族统一，从而构建社会主义和谐社会。

新时代背景下的家国情怀所指向的爱国是社会主义核心价值理念的核心，是完成中华民族辉煌中国梦的重要力量。爱国永远是凝心聚力的兴国强军之魂，是增强团结同心的精神纽带和力量，宣传爱国主义精神是为了将整个中华民族牢固地凝聚在一起。把爱国主义精神作为个人道德价值观的主要内涵，就要求我们以振兴中华文化为目标，促进人类的大团结，积极贡献于祖国和人民，这也是爱国主义精神在社会主义核心价值观中的凝聚表现。实现中华民族伟大复兴，是我国人民为之长久努力奋斗的崇高理想，也凝结了中华儿女的共同夙愿，达到这种崇高理想，就需要弘扬以爱国主义为核心的民族精神和以改革创新为核心的时代精神。

2. 落实以人民为中心的核心思想

人民群众是国家的主人，我国传统的民本思想在新时代也有了创造性变化。而身为唯一执政党的中国共产党，自诞生之日起就秉持着为我国民众谋福祉、为中华民族谋复兴的宗旨。巴金说过，“我爱我的祖国，爱我的人民，离开了它，离开了他们，我就无法生存，更无法写作”。进入21世纪，以全国人民群众为中心依旧是我们的价值选择，经济蓬勃发展依靠人民，把发展成果共同享用是我国社会的真实写照。在国际环境的重大变局中，我国所提出的“一带一路”构想、人类命运共同体等主张，越来越适应时代发展需要，并得到了国际社会的广泛赞赏，这对于形成更为合理的全球政治新秩序大有裨益，也给予新时代大学生的培养工作更多启示。在党的二十大报告中，“人民”二字一共出现了105次。2021年开始实施的《中华人民共和国民法典》也处处彰显了人民至上的理念，在这样一个充满大爱、以人民为中心的社会环境中，家国情怀体现在每一个人的心中和行动中。我们强调每个大学生都是独立的个体，都有自己的个性化发展轨道，但是所有大学生都处于社会这个共同的列车中。在培养大学生的家国情怀时，深入挖掘教学课程和实践活动中的

① 习近平．在纪念孔子诞辰2565周年国际学术研讨会暨国际儒学联合会第五届会员大会开幕会上的讲话［N］．人民日报，2014-09-25（002）．

“善”“仁”“爱”“助”等元素带来的人生价值，能够树立大学生“服务人民，奉献社会”的人生追求，充分彰显家国情怀以人民为中心的核心思想的意义性。

3. 传承家与国的交融互通

家是着眼点，但根本是为国家服务；国是终极目的，但发展是为了人民。家与国是层级不同、量级不同的概念和结构，但其组成部分都是生活在其中的人类生命体，既是自身家庭的成员，同时又是中国人。这样一方面可以达到家庭与国家之间的自然承接关系，但另一方面却又会带来家庭与国家之间的利益冲突。所以，在新时代发扬爱国主义精神，就一定要做到家与国之间的良性互动。我们既要宣扬国家奉献精神，又要符合民众需要，唯有让家与国紧紧融合、利益一致，才能实现真正意义上的家国共同体。要实现家和国的交融互通，就要把家国情怀培养工作做好、做到位，不能忽略家国情怀中的内在逻辑。而培养和深化大学生的家国情怀意识，有助于大学生牢牢把握家与国共同发展、同向同行的逻辑性。在继承和弘扬现有的家国情怀内涵的同时，结合新的时代背景和当前的国家发展趋势乃至国际局势，将新时代的家和国更加紧密地结合在一起。这也得益于我们祖国的飞速发展，我们看到港珠澳大桥建成通车、复兴号高铁飞驰电掣、“天和”核心舱的成功发射等。新时代大学生看到了祖国的强盛，同时教育能够明智、育德，因此培养大学生的家国情怀能够有效传承家庭与国家的交融互通，为家争光、为国效力。

（二）促进大学生全面发展

新时代家国情怀是广大中华儿女崇高的文化精神领域，是推进华夏辉煌的文化精神武器。作为中国特色社会主义的建设者，新时代大学生要丰厚“羽翼”，深化奉献精神，踔厉奋发、实干兴邦。

1. 深化新时代大学生实事求是、用真知武装自身的省悟

哈佛大学的校训是：与柏拉图为友，与亚里士多德为友，更要与真理为友。家国情怀的深化也在提醒大学生不能忘本，要专注于知识的汲取，学无止境，学习本领不应仅囿于学校，无论是在课堂上或者实践课程中学习科学文化知识，还是在社会中积累经验。当代大学生都应当竭力顺应时代，研学科学文化知识并能够拥有一身技能和本领，全身心地投身到中国特色社会主义建设中，方可成为文经武纬、登高赋能的时代新人。

培养大学生的家国情怀，让其构建起理论学习的重要性和具体践行的必要性。想要为人民服务、奉献自我，就要有真本事，就要时刻警醒，严于律己，不能辜负本该拼搏奋斗和发光发热的青春。工欲善其事，必先利其器。坚持学以致用，将扎实的学问和厚实的见识结合起来，将理论学习与实践探索结合起来，既扎实打牢基础知识又及时更新知识，既刻苦钻研理论又积极掌握技能。青年的素质和本领直接影响着实现中国梦的进程，作为实现中国梦战略性的人力资源，广大青年要勇敢肩负起时代赋予的重任，在实现中国梦的伟大征程中，不断加强自我修炼、自我提升，为实现中华民族伟大复兴做好素质和能力储备。

2. 坚定新时代大学生奋发图强、追寻美好生活的信念

茅盾说，“必须在奋斗中求生存，求发展”。大学教学的精神包含了敏锐的时代精神，且大学作为时代的产物，持续驱动着社会向前发展。新时代的年轻人既生逢其时，又重担在肩，既是追梦者，又是圆梦人。大学生追梦要有热情和信念，而圆梦也必须有努力和贡献，2013 年 4 月 28 日，在同全国劳动模范代表座谈会上，习近平总书记提出，“真抓才能攻坚克难，实干才能梦想成真”①。新时代大学生应有实干精神，并始终向着坚定责任担当意识、坚持艰苦奋斗精神、志在奉献社会的人生方向坚定前进。

人生态度会对人生道路和人生价值选择产生重要的影响，自怨自艾、消极懈怠的人生态度，会走向碌碌无为的人生；积极向上、努力拼搏的人生态度，会走向充实丰盈且有意义的人生。家国情怀是正向的人生态度的奠基石，要以为家国奋斗终身作为人生目的，而人生目的决定人生态度、人生道路和人生价值选择，这都是一脉相承的。所以根基建得牢不牢，对于能不能抵御懒惰思想、腐败思想以及其他错误思想的侵蚀，能不能引导大学生走向美好的未来，显得至关重要。大学生拥有浓厚的家国情怀，有助于加深其对自己美好生活的向往和对国家日益繁荣强盛的坚定，并以此为信念和目标，珍惜韶华、奋勇前行。

3. 推动新时代大学生承担发扬民族精神、实现大国梦想的社会责任

唯我华夏之国，实为文献之邦，五千年来，我国人民创造了伟大的中华文明，也造就了以爱国为内核的不朽的中华民族文化。而民族精神是中华民族文化积累沉淀的成果，其间有着无数仁人志士、革命战士和人民群众抛头颅洒热血、倾尽所有为国为民的感人肺腑的真实故事，每个人每个家庭幸福生活的身后都有国家做靠山，都是“家国一体”的贡献者和得益者，新时代大学生当不忘初心，努力传承和发扬中华传统文化，发扬以爱国为内核的伟大中华民族精神，担当起实现中华复兴的历史重任，并为之不懈努力，死而后已。

（三）加快人才强国战略实施

实施人才强国战略要立足新的发展阶段，把人才资源开发放在最优先位置，大力建设战略人才力量。而家国情怀，是对自家而国、一脉相承的情感取向和人生追求，是人类历史的文化积淀，新时代学生的家国情怀培养夯实了培养高质量人才的基础。

1. 强化大学生国家认同感，坚定极具大国特色的文化自信

家国情怀的培养基于大学生自身对国家的认同感、责任心、归属感与责任感，而家国情怀的培养对于提高大学生国家认同感有着强大的政治引导意义。国家认同感包括了中华文化认同、政治认同感和奉献精神，一是了解、欣赏并接受中华优秀传统文化，拥有中华民族荣誉感、自尊心和责任感；二是热爱祖国，忠于祖国，支持中国共产党领导人民，向往社会主义；三是为实现中国特色社会主义共同理想，自觉捍卫国家荣誉与权益；四是有为实现国家富强民主文明和谐美丽不断努力奉献的志向。高校可以通过不断完善改进家国

---

① 习近平谈治国理政［M］. 北京：外文出版社，2014：44.

情怀培养的教学内容和方法，积极进行加深大学生国家认同感的教学工作；家庭教育则起着基础性的育人功能，在较大程度上直接影响到学生个人的价值理念和行为习惯养成，家庭教育工作可以形成良性的社会氛围，并积极协助高校开展家国情怀培养工作；社会能够形成安定和睦的环境，提供国家认同教育网络平台，也有助于提高高校大学生素质教育的成效。而唯有三者相互配合与协作，并积极发挥各自的作用和功效，才可以有效提高其成效，从而促进大学生国家认同感的建立。培养当代大学生的家国情怀，也可以有效提高国家认同感，将家国情怀寓于国家认同感之中。增强文化自信，是大学生家国情怀养成的重要精神基础，而大学生国家认同感和文化自信两者又有着内在的统一性和正向的互动性。立足于发扬中国文明，增强文化自信，强化世界主流文明意识，这也是大学生国家认同感的精神之核。

坚持文化信心就是要坚持对中国特色社会主义文化事业的信心。在信仰的维度中培养大学生家国情怀。首先，在坚持家国情怀中弘扬中华优秀的传统文化底蕴。中华优秀传统底蕴丰富，在人类历史长河中，中华民族一直追求家国大义，使家国情怀变成炎黄儿女最深厚的历史和文化情感。其次，通过升华家国情怀传承革命精神。民族革命主义的发展，同中国共产党所领导的中华民族革命斗争密不可分，它高扬着马克思主义光辉旗帜，开展着艰苦卓绝的革命斗争，并在建设社会主义新中国的征途中孕育产生和逐步发展。我国革命文学的底色仍然是鲜红的，是用千万烈士的鲜血染就的一曲红色之歌，表达了中华民族气吞山河、坚忍不拔的民族精神气魄。最后，在培养家国情怀进程中传承极具现代化的优秀先进文化。在中国社会主义现代化建设过程中，代表了时代潮流和前进方向的中国社会主义先进文化适时而生。它既吸收了中华传统文化与革命文化的精髓，也是对两者的创新发展，有着强烈的时代特点，也闪烁着中华民族一以贯之的价值观光芒。坚定社会主义先进文化就要笃信马克思主义信仰，笃守中国特色社会主义信仰，笃定中华民族的伟大复兴信念。不管世界风云怎样变幻莫测，全国的大学生都能不惧风雨，站在人民的立场，在坚定社会主义先进文化中砥砺家国情怀，开创精彩人生。

2. 厚植大学生社会责任感，培养担当民族复兴大任的时代新人

当前，在社会、校园、父母及其自身等诸多因素的影响下，部分大学生的社会责任心日益淡化，重个体意识，轻社会需求，而这一切都是我们大学生自身社会责任心不足的体现，但是这和时代的需要背道而驰，所以做好一名有责任心的大学生已经成为“必修之路”。培养大学生的家国情怀，才能够高度擢升其社会责任心，以主人翁的心态面对整个社会生活。以集体利益、国家利益为首，自觉进行人生价值理念的塑造，使自身建立起科学的人生价值理念，强化思想道德教育，培养真正的社会主义责任感，注重参加社会实践活动，增强家国情怀和社会责任心。因为个人的责任心是认知过程、意志活动与家国情怀之间的共同统一，而其统一的基石便是社会实践，例如开展的公益性社会活动，能够提升大学生家国情怀认同，进一步地增强其社会责任心。

时代新人要有坚定不移的理想信念，而个人的意志也必须与国之意志融合，“邦无道，

富且贵焉，耻也”，厚植家国情怀，在努力完成国之意志的过程中，完成个人理想，为中华民族伟大复兴事业而奋斗。能够承担中华民族宏伟崛起大任的当代新人，都必须有崇高的意志和坚定的信仰，在新时代新征途中进一步加强“四个自信”。中国处在日新月异的历史节点，作为全面发展的时代新人要有为国为民的担当精神，求索真知、练成真本事。因此要厚植青年学子的家国情怀，让其承担起历史所赋予的重担，在完成中国梦的伟大实践中放飞生命热情、追逐人生理想，以年轻之我、努力之我，为中华民族振兴铺路搭桥，为祖国建设增砖添瓦。

第二节　新时代大学生家国情怀的培养策略

新时代大学生具备浓厚的家国情怀，不仅与自身的发展进步密切相关，更与国家的前途命运紧密相连。家国情怀教育要注重家国情怀培养的制度建设、方法创新和渠道拓宽，营造家国情怀教育的浓厚氛围，让国家、社会、高校、家庭和大学生各方齐心协力，描绘出家国情怀这个同心圆，不断创新培养新时代大学生家国情怀的有效路径。

一、强化家国情怀价值引领

家国情怀是“小我”与“大我”的融合，而当代大学生对“小我”与“大我”价值关系的认识和处理是价值引领的根本问题。要树立并强化正确的价值引领，同时自觉将个体的“小我”融入国家、人民的“大我”中，深化国家认同，厚植文化自信。

（一）增强大学生主体性地位，深化国家认同的价值引领

大学生主体人格的培养是深化大学生国家认同的重要抓手。通过塑造大学生自立自强的个性品格、良好的道德品质、社会责任感和创新能力，从而培养其主体意识和主体能力，彰显大学生的主体性地位。

1. 塑造大学生的主体意识，深化家国认同

主体意识是人们开展实践活动的重要前提。高校大学生是国家认同感的重要培养对象，其主体性意识的塑造是提升国家认同的关键。国家认同一旦建立，就能够指引青年学生树立正确的三观，并反作用于个人发展。大学生要提升思想成熟程度和培养明辨是非的能力，增强抵御不良思想侵蚀的能力，关注国际发展趋势，将国家发展和未来与个人前途命运紧紧联系在一起，与国家驰衺原，同荣辱，共进退。还要加强大学生对中国梦和党的初心使命的理解和认同，在不断的学习和思考中，自主建构家国意识，在主动学习爱国主义知识的进程中不断加深国家认同感，将家国情怀内化于心、外化于行，提高人生境界。

2. 提升大学生主体能力，发挥主观能动性

大学生主体能力的提升，首要工作就是将被动知识供给转化为主动性知识开发。人具有主观能动性，所以大学生能够有意识地、有目的地去认识世界和改造世界。当代大学生

要树立自主学习、终身学习的观念，提升自身主体能力，如自学能力、表达能力、人际协调能力、应用能力和创造能力等，能够灵活应对风险和挑战，树立正确的三观。总之，要在家国情怀的培养进程中充分重视和发挥大学生的主体性作用。

（二）传承中华优秀传统文化，厚植文化自信的价值引领

中共中央、国务院印发的《新时代爱国主义教育实施纲要》中明确指出，要加强中华优秀传统文化教育，加强其中的家国情怀教育，并纳入课程体系①。要以中华优秀传统文化为基石，深化当代大学生的家国情怀，同时要贯穿到中华优秀传统文化的学习与实践之中。

中华优秀传统文化教育是对“中华根”“中华魂”的培养，需要与现代社会发展相协调，与新时代要求相结合，推动其创造性转化和创新性发展。高校要树立中华先进文化品格、中华民族精神气节和先进中华民族礼仪等传统道德规范，重视代表性国学经典的教育作用，国学经典是中华民族人文精神和道德伦理的重要载体。遴选传统道德规范和国学经典教学篇目，结合当代道德模范的案例，丰富传统美德教育课程内容。要营造中华优秀传统文明道德教育的良好社会风尚。进行中国社会传统美德教育的主要途径有：一是运用道德榜样的示范作用。鼓励大众学习国学经典，学习历代道德楷模，学习当代道德模范。二是充分发挥大众媒体的社会传播功能和影响力。鼓励全媒体投入，以大众喜闻乐见的方式，创作囊括中华优秀传统文化美德教育的图书、影视作品、网络作品。三是发动和统筹社会各方面的力量，齐抓共管，为开展培养当代大学生传统美德的相关活动，创造一种良好的社会环境。

中华优秀传统文化的融入，为广大学生坚定传统文化信仰提供了保障。高校教师为实现中国传统文化在大学生文化自信培养中的融入，就必须关注教师所起到的积极影响，对原有教育体制进行全面改革，对传统功利化取向的教育方式进行全面纠正，并把“以文化人”视为学校重大的教学宗旨，通过加强教育顶层设计，完善相关的保障制度、激励体制、领导体制等，发挥传统文化教育所具有的立德树人功效，以培养学生的人文素质。此外，高校还应该注意对教学方法的多元化、灵活化设计，让家国情怀渗透到课堂之中，让家国情怀知识同教学、课堂的良好关系融为一体。同时高等学校还应该把人格修养、家国情怀等课题视为重点内容，积极开展传统文化教育活动，能够对学生的政治素质、人格健全和文化自信的养成产生积极影响。

二、建设家国情怀特色教学体系

家国情怀培养工作的关键在于高校，完善无论是领导层面、执行层面还是评价层面的顶层设计，构建和谐美好的校园环境，加强以精神文化为核心的校园文化建设，将显性教育和隐性教育密切结合，做好制度保障、组织保障和物质保障，形成独特的家国情怀教学体系。

---

① 中共中央，国务院．新时代爱国主义教育实施纲要［M］．北京：人民出版社，2019：1.

（一）重要抓手：完善制度顶层设计，提供教育保障大学生家国情怀

培养作为一项系统性工程，最首要的工作就是完善和加强培养工作的顶层设计，建立制度法规保障机制，根据新时代的发展趋势和大学生的发展特点构建系统化的家国情怀培养机制，形成完善的培养工作机制和评价体系，系统性规划新时代大学生家国情怀培养工作的整体格局。

加大政府对于家国情怀培养的扶持力度，制定完善的法律法规。首先要强化对家国情怀培育教师队伍建设的扶持、对家国情怀培育的资金支持和对家国情怀教育基地的扶持，确保家国情怀培养工作能够有序且有效地推进；其次就是建立相关的法律法规，严厉打击虚拟网络上各类虚假信息和低俗信息，严厉打击错误的政治观和价值观输出，例如恶意抹黑中国共产党、中华民族英雄、中华文明，破坏国家利益和主权的言论或者行为，为新时代大学生乃至全社会的家国情怀培养提供法律保障；还有就是对大学生群体的发言和行为作出规范。如果有个别大学生在网络上恶意抹黑国家，或者在日常生活中说出做出不利于国家的言行，就要让这类学生为自己的错误行为“买单”，所以要制定相关法律条规，对其进行严厉的惩罚，以此严厉杜绝其此类错误行为的产生，促使大学生树立正确的价值观和政治大局观。

完善高校家国情怀培养的工作机制，构建科学合理的评价体系。要全面加强培养领导机制，系统推进培养工作运行机制，构建大学生家国情怀培养工作管理系统。关于构建评价体系，首先是要完善师德评价体系，强化师德师风建设，加强和完善高校党政领导干部、任课教师、班主任、辅导员等在内的培养队伍整体性工作考核体系，将家国情怀培养成效作为考核专业教师和学院领导绩效考评的重要内容，确保高校党政领导干部在领导过程中、教师在教学过程中乃至班主任和辅导员在学生管理过程将家国情怀培养落到实处，打破“形式化”的束缚。其次要建立检查督促机制，对大学生家国情怀的培养状况进行调查研究，确定好衡量培养成效的标准，然后对学校的家国情怀培养队伍和各个相关部门开展家国情怀培养工作的效果进行考评，同时构建激励性制度，引导高校教师参与大学生家国情怀培养各个环节的管理工作和教学工作，给予其一定的绩效奖励和公开表彰，进一步提升教师的工作积极性与责任心。

（二）促进因子：搭建实践活动平台，丰富教学资源

高校要有计划、有步骤地把组织活动的权利下放到学生群体，发挥调控管理作用，做好资金供给和资源供给，搭建好高校与社会、企业、家庭的桥梁，让大学生自主地从积极参与社会实践活动到成为相关活动的组织者、宣传者和领导者，做家国情怀培养的推动者。

无论是基础课知识和专业课知识的课堂学习和课外延伸，例如参与高校的实验室项目、公司实习等，还是参加各类大学生竞赛，从赛事通知、动员参与，再到获奖经验传授和专业培训，都是高校应细细落实且不断跟进的重要工作，同时包括购进先进的实验室设

备、扩大师资人才力量、开展创新实践课程等，都是让学生认识到国家强大教育资源供给从而产生自豪感和自信心的有效途径。个人兴趣爱好和个人能力的发挥，例如参与学生组织并担任重要职责、进行金融投资等；或者社会志愿活动，例如捐款、献血和支教等，可以在自我人生价值的实现中，在个人发展的支流中，与家庭、社会乃至国家之间交汇形成家国情怀的主流。

每项红色主题活动的开展都应引起重视，例如参观红军长征纪念馆、参与缅怀革命先烈的红色祭扫活动、参加“铭记历史，勿忘国耻”的国家公祭日纪念活动、集体观看阅兵式等，学院可以针对活动内容选择性地邀请家长一同参与，在确定活动主题和预设活动内容后，提交具有创新性的活动计划书，由此审批活动经费，做好线上和线下的宣传活动，细细落实活动的各项步骤，并及时完成活动反馈。

（三）精神养分：加强校园文化建设，渗透日常环境

校园精神文化建设是校园文化建设的核心内容。为了营造良好的教育环境氛围，就要更有效地利用好环境陶冶模式，主要通过自然环境陶冶法的形式和人文环境陶冶法的形式。

一方面，营造优美的校园自然环境，以整洁的校园环境陶冶学生的情操，并且可以甄选出具有区域特色的红色文化因素点缀校园文化景观，让高校大学生在历史情境展现中把握中国共产党人的奋斗历程，深度汲取红色文化中的先进理念与革命精神。例如我国很多高校非常重视红色雕塑的建立，清华大学闻一多纪念像上面刻着他的名言“诗人主要的天赋是爱，爱他的祖国，爱他的人民”，国防科技大学的校园内伫立着“陈赓大将”“西北望”“遵义会议”“支部建在连上”“八女投江”等标志性建筑，复旦大学的红色文化景观“烈士纪念雕塑及纪念广场”，上海交通大学饮水思源碑和山东大学臧克家铜像等。校园随处可见的红色横幅，可以用简洁但铿锵有力的言语，给大学生带来精神层面的思考。雕像、横幅、橱窗、校史馆和其他特色校园建筑，作为红色文化的传播介质，能够给予学生以鲜明的记忆点和丰富的感染力，彰显出文化的内涵和精神的力量。

另一方面，将学校与家庭的环境和育人衔接起来。加强家校沟通，及时了解学生在家和在学校的生活和学习状况，发现思想出现偏差时可以利用双方联合的力量，摆正其思想方向和价值取向。注重利用良好家风和校风来推动高校大学生美德的形成和完善。

三、深化“家国一体”意识导向

习近平总书记强调，“我们要重视家庭建设，注重家庭、注重家教、注重家风”[①]。大学生作为当代社会的骨干力量，对其家庭责任意识的培养和家教家风建设的推进，是健全大学生人生观和价值观的重要部分之一，有利于大学生“家国一体”意识的扎根巩固，同时也是推动国家发展的必要条件。

---

① 习近平．在 2015 年春节团拜会上的讲话［N］．人民日报，2015-02-18（02）．

（一）提升对家庭的责任意识，内化隐性教育

家庭是承担道德教育的主要场所之一，“国无德不兴、人无德不立”，培养新时代大学生责任担当意识是目前高校德育工作的重要内容之一。第一，家长要有意识地营造和谐温馨的家庭环境和家庭关系，把家庭变成其可以放下防备的栖息港湾，不只是做家庭管理者，还要和孩子成为知心好友，这是一切家庭教育能够有效进行的前提；第二，家长要注重言传身教，榜样示范，主动做到孝敬长辈和关心家庭，能够带领孩子投身于公益活动，尽可能对于身边需要帮助的人伸以援手，以身作则；第三，家长要注重生活细节，不能溺爱子女或是不尊重子女、进行严厉打压，把“一边倒式”的家庭关系转变为家庭成员人人都有发言权，充分尊重和理解孩子，同时让孩子学会承担起应有的家庭责任和社会责任；第四，家长要创新培养理念和培养方式，在坚持继承传统美德的同时，注重弘扬时代精神。要采取理性与情感相结合的方式，以德育为根本立足点，针对孩子的志趣、能力、所处环境和可利用资源等，因材施教、因地制宜，灵活运用多元化的教育手段。

“百事孝为先”“家和万事兴”，都是倡导当代大学生重视家庭伦理，常怀家国之心。在培养其家庭责任意识的教育中，应注重所有家庭成员的情感、人格、道德修养，其中包括慈孝忠诚的品质、勤俭善良的品格和无私奉献的家国情感，以帮助他们更深刻地理解家庭和睦与国家安全的意义，让家庭和谐迸发出巨大的生命力量，将实现个人梦、家庭梦纳入国家梦、民族梦当中。

（二）大力推进家教家风建设，涵养家国情怀

以家教为舵，家风为帆，新时期大学生才可以在驶向目标的途中坚持正确的航线，就算遇到风雨，人生之船也不会偏航。家庭教育传承的主要途径是经过亲情的传承，而这种方法也更易于被晚辈们所接纳，对于良好家庭的有效建立、家庭成员间的关系融洽、家庭成员的修身立世，以及社会关系的安定和谐都产生了重要的影响。

第一，加强教育引导的作用，深入学习习近平总书记有关家庭家教家风的重要论述。通过在校园里开展有关家庭教育的相关活动，以及通过书籍报纸、电视广播、互联网等载体的社会家庭教育，积极促进家庭教育发挥最大效用。

第二，我们必须在继承和弘扬中华文明的进程中，赓续传统家训、家教、家风的文化传统，并不断创新宣传方式，以推动建立社会主义家园文明新风潮，实现立德树人的根本任务。指导广大家庭成员，尤其是新时期大学生爱国、爱党、热爱人民，积极发扬中华民族的优良传统道德，弘扬良好家风，利用家风塑造良好的社会风气和社会舆论氛围。在新媒体时代，一定要利用好互联网阵地，采用抖音短视频、微信公众号和直播云平台等多种方式进行宣传，使得新时代大学生受到启示。要把握好机关单位和基层党组织发挥的领导作用，积极开展廉洁家风主题活动，推动家教家风宣讲活动，充分引导新时代大学生做良好家教家风的传承者和实践者。

第三，深化平安家庭建设，以家庭和睦促进社会和谐。绝大多数大学生对于自己的家

庭都具有非常深厚的感情，那么要把其对于家庭的这种深厚情感扩展延伸到热爱国家的层面，将“爱家”与“爱国”相统一，不仅要与亲人和睦相处并注重修身齐家，更要有爱国爱民、忧国忧民和赤心报国的赤子之心；同时要把爱国主义的精神养分渗透到家庭、家教、家风建设的各个环节和整体进程中，自觉地协调好和解决好个人利益、家庭利益与国家利益之间可能存在的矛盾，把国家利益放在首要位置。培养新时代青年的爱国心、报国志和爱国行，就是要将其个人梦、家庭梦和中国梦紧紧地联系到一起，让家国情怀转化为所有家庭成员的精神底色，让家国情怀牢牢扎根于新时代大学生的思想上和行为中。

（三）加强家庭与高校的互动，形成教育合力

高校搭建“家庭—高校”育人平台，让家长、学生、学校三方在网络环境下相融合，共同创建和谐的育人环境。让家风家教进高校，让爱国主义教育和责任担当教育贯穿育人全过程，使得学生在课堂学习、课后时间和集体生活中形成健康的三观，达到深入培养大学生家国情怀的目的。

首先要充实大学生爱国主义教育的内容。运用革命先烈、社会先进人物和身边模范同学的感人真实事例开展案例教学，利用“劳生不悔”“感动中国年度人物”“好人故事”等电视节目和网络视频开展隐性教育；另外，要开展促进大学生践行爱国主义行为的活动。爱国主义教育的终极目标就是通过理论学习和实践体验，让当代大学生成为敢为人先、勇于担责、奉献社会的时代新人。鼓励大学生参与义务支教和无偿献血等社会志愿活动，积极创造大学生履行社会责任的践行机会，通过各类社会公益活动，丰厚大学生的爱国主义精神和责任担当意识，使其踔厉奋发，用实际行动践行家国情怀。

其次是高校和家庭联合开展和家风文化相关的活动。让大学生深度参与其中，使其思想受到熏陶，深刻感悟家风文化带来的价值引领和心灵滋养。开展“第二课堂”社团活动，如给父母写一封“感恩信”，列举父母在其生涯中的成长节点的重要影响行为或是触动性话语，又如举办手机摄影评比活动，用镜头记录家庭的生活瞬间；强化典型示范作用，开展相关主题活动，推进荣誉称号评选，建立家庭家教家风建设先进典型；树立良好家庭典型模范，开展“家长进校园活动”，讲好家庭故事，大力弘扬和传承优秀家规家训中“家和万事兴”“尊老爱幼”“邻里守望”“勤俭持家”等文化基因，开展“讲家训、写家书、传家风”的主旨实践社会活动，更加注重家风文化教育；抓住重要时间节点，组织如“七一”和“十一”等节庆期间，以及春节、重阳、中秋和清明等节日期间的相关主题教育实践活动，开展各类家风文化主题宣传活动，使得大学生通过相关社会实践活动，深刻体会到家风文化中蕴含的美德元素，逐步深化家风文化教育对大学生的吸引力和感染力，有利于营造家国情怀培养的良好氛围。

四、全面整合家国情怀培养资源

家国情怀教育是培养时代新人的基石，基石越稳，楼身越固。新时代大学生的家国情怀培养工作不只是高校的责任，这需要全社会的持续关注和共同努力。完善家国情怀教育

联动机制至关重要，要建立“国家—社会—高校—家庭—个人”的联动机制，共同推进新时代大学生家国情怀的培养工作。其次网络资源对于培养新时代大学生家国情怀而言已经不仅仅是一种工具，它还全方位、多层次地融入家国情怀培养工作的全过程各方面，实现从单向传播转为双向良性互动、和谐共赢的整体效应。

（一）创新网络育人模式，打造家国情怀资源共享平台

在“互联网+”大背景下，实现网络资源的共享，能够有效拓宽当代大学生的学习渠道和学习空间。除了在课堂上接受教师的教学，大学生能够借助网络空间和平台广泛地利用好校内外学习资源，积极利用互联网的便利性去了解更多的新兴教育资源，从而开阔视野和更新自己的知识以及调整自身的知识结构。习近平总书记指出：“我们必须科学认识网络传播规律，提高用网治网水平，使互联网这个最大变量变成事业发展的最大增量。”①新时代大学生家国情怀的培养，需要遵循其思想上和行为上的新规律和新特点。网络资源作为主体交流和信息传递的媒介之一，能够更精准化和更科学化地把握当代大学生的心理特点、思想动态和实际需求等，切实增强家国情怀培养工作的针对性。

（二）增强主流媒体宣传，营造良好的网络舆论环境

网络空间已经成为人们生产生活的新空间，也是我们党凝聚共识的新空间。高校应当善于利用积极向上的网络媒体环境，引导和推进新时代大学生家国情怀培养工作。

营造具有浓厚家国情怀的网络媒体环境。首先要对学生进行良好网络舆论的引导，引导学生时刻保持清醒的思维方式，冷静地分析网络文化的冲击，学会辨别并坚决抵制不良舆论与信息。采用自下而上的方式，媒体宣传要围绕人们共同关心的家国情怀系列问题，通过论坛发帖、新闻跟帖评论等方式征集意见和建议，意见交互便捷能够有效提升大学生的参与度和表达自由度，积极开展家国情怀讨论能够提升新时代大学生对于家国情怀重要性的理解和认识；同时采用自上而下的方式，由各级政府、权威人士或专家学者发布官方信息和意见，及时疏导家国情怀网络宣传中的不良言论，如各级政府及其部门网站公布的信息、各论坛各平台的交流回复和政治官员的在线访谈等。激励当代大学生透过现象看本质，坚定社会主义核心价值观，自觉维护国家的网络安全和营造正向的网络舆论空间，推动构建和谐社会。

抓紧落实网络综合治理体系建设。党的十八大以来，网络综合治理取得了重要进展，但还不够完善，需要抓紧落实网络综合治理体系建设，充分发挥网络媒体的积极作用。第一，要注重“大局观”进行系统性谋划，做好网络安全的保障和网络风险的规避，从源头上“掐断”有害信息的蔓延；第二，要在网络综合治理的过程中，充分发挥好党和政府的管理、引导和治理作用，建立网络舆情相关的法律法规、制度和政策，牢牢掌握网络意识形态的主导权；第三，要充分利用好网络媒体的积极传播作用。首先要对从事互联网媒体

① 习近平．举旗帜聚民心育新人兴文化展形象　更好完成新形式下宣传思想工作使命任务［N］．人民日报，2018-08-23（01）．

的工作者进行教育指导，增强媒体人的责任意识。以网络媒体为媒介，把握好网络媒体的优势，将家国情怀培养的内容有效传播给当代大学生，完善网络综合治理体系建设。

（三）完善教育联动机制，助力大学生家国情怀培养

社会教育、高校教育和家庭教育在各个方面都影响着大学生家国情怀的形成和发展，不断地总结、反思和继续推进家国情怀的培养历程，因此要积极创设家国情怀教育联动机制，共同完善家国情怀教育的人才队伍建设机制、动力机制、激励机制以及反馈机制，让家国情怀的培养工作渗透在大学生的日常生活、理论学习和社会实践的各个方面，利用“润物细无声”式的隐性教育方式营造家国情怀培养的浓厚氛围。

一方面，要加强人才培养合作。各方共同组建家国情怀培养指导委员会，共同制订新时代大学生家国情怀培养方案。学校设立家国情怀培养策略专家工作室，并自觉搭建好政府、社会、高校和家庭互通的桥梁，加强信息交流合作；政府和社会为学校提供家国情怀相关活动基地，共建校内外实践基地，提供相关理论和实践培训等；家庭要打好配合战，全力支持高校工作，及时更新教育理念，形成教育合力，努力营造充满浓郁家国情怀氛围的家庭环境。另一方面，要深化教科研合作。各方联合开展新时代大学生家国情怀培养课题研究，如“家国情怀与劳动教育”和“通过时事热点培养家国情怀核心素养”等研究项目。积极引进高质量人才和师资队伍，加强团队建设合作，政府和社会为高校提供教师实践所需要的场所和条件，做好项目开展、中期检查和验收工作。

少时养正鸿鹄之志，长成方可高飞远翔。家庭是学生人生中的第一所学校，家长要帮助扣好其人生中的“第一粒扣子”，并在他们的成长过程中进行适当的引导和感化，使得其扣好接下来的每一粒“扣子”。无论是国家和社会，还是家国情怀教育工作者和高校教师，都要紧贴新时代的发展特点和发展要求，紧扣大学生的思想脉搏，引导大学生立鸿鹄之志，推动家国情怀培养工作的细细落实，建立、完善和强化舆论监管体系，培养一批心怀家国且敢于吃苦的爱国实干家和新时代奋进者，为全面建成社会主义现代化强国、实现中华民族伟大复兴和推动构建人类命运共同体会聚创新型人才，砥砺心怀大我的家国情怀。

第五章　新时代大学生网络道德教育

互联网技术的不断向前发展，催生出新的并且不断变化的媒体形式，多种媒体形式在相互交叉的影响下，其内容、渠道、功能等方面相互融合并且带来前所未有的更为广泛而深刻的传播范围及传播效果，使世界进入全媒体时代。在全媒体时代的影响下，如何能够更好、更优地进行大学生网络道德教育，毋庸置疑已然成为教育领域中不可回避的重要内容之一。

第一节　大学生网络道德教育的理论逻辑

随着互联网在生活中的应用范围日渐广泛，人们的道德需求已经不仅限于在现实生活中得到满足。网络道德是传统道德在网络空间中的横向拓展和纵向延伸，其重要性和必要性与日俱增。加强网络道德教育，促进广大网民自觉规约自身的网络行为，不仅是营造网络空间良好秩序的必要路径，也是新时代塑造公民道德的重要向度。大学生作为国家和民族未来的建设者，是网络空间最为活跃的群体之一，其网络道德素质的高低不仅关乎大学生自身的全面发展，更关乎国家和民族的未来。加强大学生网络道德教育是新时代亟须重视的新课题。

一、大学生网络道德教育的内涵

当前对于网络道德方面的研究成果日益丰硕，但专门针对大学生这一特定群体的研究仍然不够全面和系统。为了更好地分析大学生网络道德教育，必须对其相关概念进行系统的梳理和界定。

（一）网络道德

1. 道德

道德由“道”和“德”组合而成。老子在《道德经》中对道德进行了阐述：“道生之，德畜之，物形之，势成之。是以万物莫不尊道而贵德。”①“德”是“道”的化身，是“道”在人世间的具体作用。世间万物由“道”产生，由“德”涵养，因而天地间没有不尊奉道和德的。“道德”二字的连用始于荀子《劝学》篇：“故学至乎礼而止矣。夫是之

---

① 李耳，庄周，钟书．老子·庄子［M］．张溢，注．上海：上海大学出版社，2018：34.

谓道德之极。”① 儒家思想将道德与“礼”相联系，“礼”具有多种含义，包括个人修养、等级制度等，道德既指调整人们之间关系的行为准则，又指个人的思想、行为、品德、修养、习惯等。《辞海》中对“道德”的解释是：“以善恶评价的方式来评价和调节人的行为的规范手段和人类自我完善的一种社会价值形态。”②

西方的道德（morality）一词肇端于拉丁文“mores”（风俗）一词，意为：习惯、品性，通常与“伦理”一词相互替用。苏格拉底提出“美德即知识”，也就是说人们将获得的知识内化于心，塑造自身的德行。柏拉图的“四德性说”，认为四大美德就是智慧、勇敢、节制、正义，较为深刻地解读了道德对人们而言是大有裨益的。康德通过探究道德的至善价值提出了道德是意识的自律性。

马克思以现实中的人为出发点，遵循历史唯物主义的基本原则，认为道德是人类社会意识的结晶，是人类社会所特有的现象。

综上所述，道德是一套规范人与人、人与自然、人与社会关系属性和行为的原则，它是在经济基础上确定的，根据善恶、正当与否的标准来判断，依靠公众舆论、传统习俗和内在信仰来维持。

2. 网络道德

网络道德是一种伦理规范，运用于约束人们在信息时代的社会行为。③ 随着网络信息技术的普及，互联网已经逐渐融入人类的生活圈。然而，互联网本身的独特性限制了传统道德规范对人们网上行为的规约能力。为了维护网络运行机制，协调网络社会交往关系，必然会出现适用于网络的新的道德行为规范，因此，网络道德应运而生。

网络道德与现实道德一样是道德规范体系的组成部分，但由于互联网具有自由性、匿名性和开放性的特点，网络道德也具有相应的特点：自主性、开放性、多元性。④ 一是自主性。在现实社会中，个人的道德行为更多地依赖于舆论和其他社会成员的监督。而互联网作为一个相对自由的“非熟人社会”，他律的作用被大大削弱。网络道德规范主要取决于个人的自律和自主性。二是开放性。随着网络信息高速公路的建设，人与人之间的交往跨越了地理距离的鸿沟。这增加了不同地域的人们交流沟通的机会，从而将不同价值观念、道德规范之间的冲突、碰撞与融合都搬到“荧幕”上来，使之表面化、现实化，更易于得到解决。网络道德以开放的姿态集百家之言、纳各派之长，兼容并蓄，呈现出从故步自封到开放包容的发展特点。三是多元性。在现实社会中，只有一种类型的道德可以占主导地位，道德通常是单一性的。而互联网是一个公共的、非排他性的虚拟空间，这一特点为人们提供了更多沟通交流的机会，使人们的道德选择、需求和发展呈现多元化。虽然网

① （清）王先谦．荀子集解［M］．北京：中华书局，1988：12.

② 夏征农．辞海［M］．上海：上海辞书出版社，1999：645.

③ 严耕，陆俊，孙伟平．网络伦理［M］．北京：北京出版社，1998：29.

④ 赵兴宏．网络伦理学概要［M］．沈阳：东北大学出版社，2008：41.

络道德是现代高科技发展的结果，与传统的现实道德大有不同，但它是在客观世界的基础上发展起来的，是现实社会道德的丰富和延伸。总体而言，网络道德反映了网络空间中人们的社会关系和共同利益，是以网民的观点、信仰和习惯为基础，以真、善、美为标准，规范网络空间中网民的行为以及网民与互联网技术之间关系的一套行为准则。

（二）大学生网络道德教育

1. 网络道德教育

网络道德教育是针对网络空间中人们的自律意识和行为规范而进行的教育活动，主要从教育内容和教育方式两个维度来界定内涵。第一，从教育内容出发，是指立足于网络的根本性质，针对网络失德问题，系统地对网民进行价值认知、主流意识、道德品质、信息素养的教育，从而形成符合社会发展需要的综合素质。① 网络道德教育就是以网络失范问题为研究对象，运用道德准则为教育内容，使网民将相关内容内化于心，并外显为正确的网络行为，营造向上向善的网络文明风尚。第二，从教育方式出发，网络道德教育是基于互联网的一种现代化教育形式，它利用社会舆论、意识形态宣传理论和新媒体传播原理，将网络作为教学环境。② 网络道德教育的目标、内容与传统道德保持基本一致，在教育方式上融入网络特色，作为道德教育的一种新工具、新渠道。

综上所述，单从一种维度来定义网络道德教育失之偏颇，不仅要考虑到教育方式的新颖有趣，还要考虑到教育内容的指向明确。基于此，本书将网络道德教育定义为：一定的阶级、政党和社会团体在遵循网络运行机制、掌握网络舆论动向的前提下，针对网络失德问题，以网络道德准则为内容，综合运用多种方式和载体对社会成员进行教育的活动，以达到规约网民群体的行为习惯和提高网络道德修养水平的教育目标。

2. 大学生网络道德教育

数字技术日益纵深发展，大学生在网络中的行为状况和道德表现也逐渐引起关注，针对这一群体所进行的道德规范教育也应运而生。大学生网络道德教育就是指教育者秉持着提高大学生网络道德素质的教育目的，遵循互联网的运行机制，立足于大学生思想、行为发展规律的前提下，结合现存的网络道德问题，采取线上线下相结合的新颖教育方式，系统地传递网络行为准则和道德规范的教育活动。大学生网络道德教育既具有与传统道德教育相同的特点，也具有其独有的特征。第一，教育内容具有特定性、发展性。大学生这一特定群体作为教育的主要对象，教育内容不能过于笼统，主要传递的是规范大学生在网络中失德问题的行为准则，具有特定性和针对性。同时，网络自身的前沿性，促使教育内容也要随之及时更新，保持与时俱进，凸显了发展性。第二，教育过程具有实践性、长期性。对大学生进行网络道德的教育就是从大学生的网络行为实践状况出发，培养其良好的

---

① 韦吉锋．网络思想政治教育研究［M］．北京：新华出版社，2005：23.

② 杨立英．网络思想政治教育论［M］．北京：人民出版社，2003：66.

网络行为习惯，又回到网络行为实践中去。然而，教育过程并非一步到位，而是一个长远的历程。正是通过这种长期性的教育活动，使其将网络道德准则外化于行，内化于心，纠正和规范大学生的日常网络行为，培育健康向上向善的网络文化，促进大学生身心全面健康发展。

二、大学生网络道德教育的主要内容

内容是网络道德教育的一个基本因素，教育内容的正向与否，直接关系到教育能否收到良好的成效。大学生网络道德教育的主要内容包括在使用网络时的道德规范、安全意识、文明礼仪和法治意识的培养，这是在社会主义核心价值观的引领下，结合网络的特点所拓展和归纳出来的。

（一）大学生网络道德规范教育

网络道德规范作为基本内容，是指用来约束自身网络行为的明确准则，既是言谈举止所要遵循的方向，又是评价网络行为是非对错的标准。《全国青少年网络文明公约》对网络行为作出了详细的规范："要善于网上学习，不浏览不良信息；要诚实友好交流，不侮辱欺诈他人；要增强自我保护意识，不随意约会网友；要维护网络安全，不破坏网络秩序；要有益身心健康，不沉溺虚拟时空。"①

以《全国青少年网络文明公约》为依据，对大学生进行网络道德规范教育，包括以下几方面具体内容：第一，坚守网络道德底线。道德底线是对人们道德水平最基本、最起码的要求，是由善向恶过渡的最低防线。教育大学生坚守网络道德底线，使大学生坚持"明礼""秉善""持重"的底线，运用"底线思维"约束自己的行为，明确在网络中什么行为坚决不能做。第二，明确网络行为准则。网络空间是对现实世界的扩展和延伸。在教育过程中应将现实社会中"己所不欲，勿施于人""己欲立而立人，己欲达而达人"等道德监督和伦理约束引入网络空间。敦促大学生学会"换位思考"，自觉反思自身的网络行为是否会给他人带来影响与伤害。第三，承担清朗网络的义务。网络社会将大学生从个体化推向社会化，大学生除了要对自己的行为负责，还要明确自身所肩负的平衡网络生态环境的义务，将"不尽责就是为恶"的理念根植于心，时刻警醒自己切勿成为"网络看客"，增强网络正义感。

（二）大学生网络安全意识教育

习近平总书记强调："没有网络安全就没有国家安全，就没有经济社会稳定运行，广大人民群众利益也难以得到保障。"② 为解决网络安全问题，各领域及部门都做出了应对措施。国家层面修订了相应的法律规定，网络管理部门设置了监督跟踪程序，软件公司则研发了网络"杀毒""防火墙"等安全系统。但是这些措施并没有深入问题的根源，主要

① 蔺玉红，李海秀，张庆. 全国青少年网络文明公约正式发布［N］. 光明日报，2001-11-23（A01）.

② 习近平谈治国理政. 第三卷［M］. 北京：外文出版社，2020：306.

是从外部来规约和阻碍传输。要彻底根除网络安全问题，就要从人们的内在道德入手，提高人们的自我防护观念和安全防范素养，建立网络道德新秩序。

首先，提升判断网络是非的能力。大学生涉世未深，信息甄别能力、判断力水平较低，极其容易卷入网络错误价值观和负面社会思潮的引诱陷阱中。因此，需提高自身判断是非、明辨善恶的甄别能力，自觉屏蔽和删除错误信息，识别正当的网址和链接，从源头上规避网络安全事件的产生。其次，增强个人安全防护意识。在一些社交网站、购物软件、娱乐网址中，注意个人身份、住址等隐私信息的保护，警惕“卖茶女”“刷单陷阱”等金钱诈骗，避免随便与网友线下见面，增强个人安全意识。最后，坚决制止危害国家安全和网络安全的行为。大学生既是互联网的使用个体，也是网络的共存者和建设者，在享用丰富资源的同时，有义务承担起维护网络安全的社会责任。在面对敌对势力通过网络散布危害国家安全的言论，企图引起网络社会的恐慌时，大学生要勇于运用主流正能量言论进行反击。

（三）大学生网络文明礼仪教育

礼仪向来与文明相互关联、相互影响，礼仪是文明的外在表现，文明是礼仪的内在根基。“文明”一词最早出现于《易经·乾卦》的“天下文明”中。而我国素有“礼仪之邦”之称，“礼仪”出自《诗经》的“献酬交错，礼仪卒度”①。《周礼》中，“凡国之大事，治其礼仪，以佐宗伯”。所谓“礼仪”，在古代最早的时候是代表着祭祀之礼，是指人们用心与鬼神和自然的交往。随着社会的发展，礼仪是指以维护和谐社会秩序为目的的一种待人接物的行为规范。在网络社会中要求网民遵守文明礼仪，对于个人而言，文明礼仪是网民个人道德素质、内在涵养的外在表现；对于社会而言，文明礼仪是网络社会风气、道德风尚的具体反映。

网络文明礼仪包括语言礼仪和交往礼仪。语言礼仪，是指人们在网络交流互动中，问候、沟通的友善表达。《人民日报》针对“地铁偷拍乌龙”事件，指出不能是“以曝制曝”和“以暴制暴”，每个人都要对自己的言论负责，“好好说话”不仅是日常生活的礼仪，也应该成为在网络空间的自我约束。② 随着网络与现实生活联系越发紧密，网络上时常出现一些特殊的“语言符号”，像“栓×”“××刺客”“小镇做题家”等网络语言深受大学生的欢迎。然而其中不乏低俗、粗鄙、侮辱性的用语，比如“祖安文化”“阴阳话术”等，这就要求大学生保持清晰理性的思路，不要盲目跟风，在使用前对这些网络用语加以辨别。交往礼仪，就是在网络社会交往中遵循诚信、不伤害原则，对他人给予诚信相待。正如《论语·学而》中“与朋友交，言而有信”③。由于网络虚拟环境的影响，大学生的诚信意识在网络中受到了巨大的考验。因此，要增强大学生网络道德诚信意识，培养诚信道德的实践能力，避免一些大学生出现散布网络虚假消息、利用网络虚假身份欺骗他

① 孔子．四书五经（全本详解版）［M］．崇贤书院，编译．北京：北京联合出版公司，2017：595.

② “地铁偷拍乌龙”的正解，不能是“以曝制曝”和“以暴制暴”［EB/OL］．中国青年网，（2023-6-14）．http：//news. youth. cn/jsxw/202306/t20230614_ 14582967. htm.

③ 孔子．论语［M］．晓明，译著．福州：海风出版社，2012：104.

人等道德失范行为。

（四）大学生网络法治意识教育

法律是成文的道德，道德是内心的法律。法律与道德虽然不等同，但是两者在内容上相互渗透、相互包含，在方式上相辅相成、互为补充。严耕等在《网络伦理》中将“网络犯罪”称为“极端不道德行为”。[①] 网络的虚拟性、匿名性在一定程度上削弱了道德的自我约束力度，仅仅依靠道德的调节、引导和推动难以对网络失范行为进行有效的规约，需要法治力量的输出。《新时代公民道德建设实施纲要》指出：“要严格依法管网治网，加强互联网领域立法执法，强化网络综合治理。”[②] 加强大学生网络法治意识教育既是提高运用法律保护自身意识的重要手段，又是防范网络犯罪行为的有效途径，具体途径如下。

第一，掌握网络法律法规知识。我国制定了许多不同层次的法律法规，主要有《中华人民共和国计算机信息系统安全保护条例》《中华人民共和国数据安全法》《中国公民计算机互联网管理办法》《互联网跟帖评论服务管理规定》《网络信息传播权保护条例》等。通过相关法律法规知识的教育，可以使大学生较为系统地掌握我国网络法律体系，从而认识到“互联网不是法外之地”，在网络中违法犯罪，同样会受到法律的制裁。同时，也警醒大学生勇于拿起法律“武器”，向网络暴力、网络谣言和网络骚扰说“不”，用网络法律法规知识保护个人信息和人身安全。

第二，树立网络法治价值观。法治既是引导个体回归理性自我的现实性力量，又是凸显个体主体性价值的制度性力量。网络法律法规对大学生具有“他律”的作用，以理性为价值根基，承载着大学生对网络中理性价值的追求。网络法治价值观有利于大学生摆脱非理性网络行为，从而重新回到德行的正轨中。此外，无论何种严格制度的确定，都是为了让人们在这个稳定的制度环境中充分发挥以人为本的主体性，彰显出主动性和积极性。[③] 法律制度并非限制个人的发展，而是建立一个系统的价值体系，创造公平合理的社会法则，使大学生能够在和谐美好的网络社会氛围中自由地表达自己的主观价值。

三、新时代大学生网络道德教育的主要目标

进入新时代以来，我国越发重视加强大学生网络道德教育。2021 年颁布的《关于加强网络文明建设的意见》将网络道德建设作为工作目标之一，指出“道德建设迈出新步伐，网民思想道德素质明显提高，向上向善、诚信互助的网络风尚更加浓厚”[④]。目标既确定了网络道德教育的方向，又为评估最终教育效果提供了重要依据。在新时代的号召和

---

① 严耕，陆俊，孙伟平．网络伦理［M］．北京：北京出版社，1998：77.

② 中共中央 国务院印发新时代公民道德建设实施纲要［N］．人民日报，2019-10-28（06）．

③ 刘爱龙，周晓阳．论法治推进道德建设的效力［J］．法学，2002（10）：23-26.

④ 中共中央办公厅 国务院办公厅印发关于加强网络文明建设的意见［EB/OL］．中国政府网，（2021-9-14）．http：//www. gov. cn/zhengce/2021-09/14/content_ 5637195. htm.

引导下，大学生网络道德教育立足于大学生主体，要以增强网络责任意识为重要目标，以培养网络自律能力为进阶目标，以规范网络道德行为为根本目标，以维护稳定的网络道德生态为最终目标。

（一）增强大学生网络责任意识

进入新时代以来，互联网技术飞速发展。大学生在网络这一虚拟社会中“见异思迁”的机会明显增多，只要通过手上的鼠标或者键盘，即可轻而易举地确认虚拟关系或者随意对他人“评头论足”，而无须对此负责。长期处于这种“免责”的环境下，大学生在网络中的行为更加无所忌惮，甚至更为猖獗。因此，进行大学生网络道德教育的目标之一即增强大学生网络责任意识，明确道德认知，培养网络共情能力。

首先，网络道德认知是培养网络责任意识的基础前提。认知是作出科学推断的前提条件，也是实践行为的先决条件。在进行网络活动时首先要运用网络道德知识，预判自身的行为是否可为，是否符合道德准则。其次，网络道德情感是培养网络责任意识的重要组成部分。面对一些网络突发事件和热点问题，部分大学生缺乏网络共情力，盲目跟风谩骂或用言语攻击他人，歪曲事实恣意发表评论，无视他人遭受的精神创伤。“粉发女孩”被网络暴力致去世，其中的“口诛笔伐者”不乏大学生。陶冶大学生网络道德情感对于培养大学生在网络中的共情力，增强网络责任意识发挥着关键性作用。

综上所述，新时代加强网络道德教育是为了明晰大学生的道德认知，明确对于网络行为善恶的判断标准，陶冶网络道德情感，激发大学生的网络共情能力，增强网络责任意识。

（二）培养大学生网络自律能力

《新时代公民道德建设实施纲要》指出：“网上行为主体的文明自律是网络空间道德建设的基础。”① 网络的虚拟性、匿名性使得现实中道德监督机制在网络上的作用收效甚微，更多的是依靠人们的自我约束。同时，网络的自由性、开放性，带来“包罗万象”的内容，人们的学习、购物、娱乐等日常活动都能够在网络上进行。但是当前许多大学生对网络使用不当，这会对其自制力带来一定程度的消解和耗损，使得原先已构建的自律能力失去自我防护，出现了“沉迷游戏”“购物狂”等网络成瘾的现象。此外，在网络社会中，大学生的意志自由度要比现实社会更高，也更加容易忘记自己的社会角色，从而做出失德行为。因此，新时代加强大学生网络道德教育就是增强大学生明辨是非善恶的能力，运用自律意识主动抵制不良信息，使大学生清楚地认识到作为网络社会的主客体，自己有义务文明上网，维护网络社会的清朗和网络秩序。

（三）规范大学生网络道德行为

网络道德行为既是个体网络道德水平高低的外在表征，也是教育成果的具体展现。通过教育手段促使大学生树立正确的网络道德伦理观念，对失范行为开展行之有效的规范和

---

① 中共中央 国务院印发新时代公民道德建设实施纲要［N］. 人民日报，2019-10-28（06）.

纠偏。规范网络行为是新时代网络道德教育的根本目标。

在如今这个“万物皆网，人机共生”的网络时代，网络的发展创造了多维度的生活交互场景，的确为人们提供了便利，但是其带来的负面影响也是不容忽视的。随着微博、抖音、美拍、快手、知乎等网络交互平台的应接不暇，为吸引眼球、博取流量的“网红”也纷至沓来，网络中铺天盖地的碎片化、娱乐化、庸俗化的信息，逐渐侵蚀着大学生的价值取向，诱发他们的不良心态。在这些错误思想观念的影响下，部分大学生出现了肆意性和侵犯性等网络道德失范行为。[①] 严重的侵犯性网络行为将扭曲个人心态，引诱不良行为甚至犯罪，阻碍大学生的顺利成长。为规避大学生网络道德失范行为，就要从“知”“情”“意”等方面对其进行教育，使大学生在意识上形成正确的网络道德观念，提高责任感和自律能力，自觉规范网络行为。

（四）优化大学生网络道德环境

21 世纪以来，网络已遍布人们社会生活的各个角落，不再只是一种技术手段，而是全新的生活领域。新时代以来，习近平多次强调网络的重要性，提出了网络强国的战略目标。网络强国的主要目标和任务包括促进产业转型，推进政治生态，推动社会进步，改变文化内容、形式和传播手段。无论目标多么宏观、长远，落到实际就是发展和谐的网络生态环境。一个缺乏诚信的网络社会无法催生新的经济模式，一个虚假、暴力的网络社会也无法提供积极向上的文化内容，一个无序混乱的网络社会更加无法实现政治民主与法治。营造一个生态的、和谐的网络环境对于推进社会主义和谐社会的发展进程具有重要意义。

大学生作为网民中最为活跃的群体，他们的网络行为影响着和谐网络环境的运行。由于正处于身心发展的特殊阶段，价值体系尚未成熟，大学生对不良信息的辨别能力较差。例如一些大学生容易受到“蛊惑”，转发宣扬境外反动言论，传播暴力血腥等不良信息，扰乱了网络运行机制规律，破坏网络生态环境的平衡。这些网络道德失范行为，如若不及时加以教育管理，容易造成网络信任危机，极大破坏网络生态平衡，进而导致网络失范行为更加肆无忌惮，使得网络环境更加污浊，长此以往网络环境将陷入“破窗效应”，引发恶性循环。

概之而言，新时代加强大学生网络道德教育的长远目标是优化网络道德环境，实现网络强国的战略目标。通过教育提高大学生对网络不良信息的辨别能力，使他们主动屏蔽和剔除网络垃圾信息，从而平衡网络生态的运行。

四、新时代大学生网络道德教育的基本遵循

习近平总书记在十九大报告中指出：“中国特色社会主义进入新时代，这是我国发展

---

① 高德毅．高校学生网络行为与规范管理研究［J］．思想理论教育导刊，2013（05）：119-122.

新的历史方位。”[①] 新时代标志着我国已经进入社会主义建设的新阶段，精神文明建设的需求达到新高度，这赋予了大学生网络道德教育新的要求。

（一）坚持以立德树人为根本任务

“立德树人”根植于深厚的文化积淀，发展于社会实践的需要。它主要是对将学生培育成具有什么品质的人，以及采取什么途径来培育的问题进行科学性、概括性的解答。育人的根本在于立德。[②] 立德是指确立高尚的德行修养，从古至今都处于教育的首要地位。《左传》中写道：“太上有立德，其次有立功，其次有立言，虽久不废，此之谓不朽。”[③] 立德是达到精神不朽境界的基础，也是人生追求的最终目标。随着社会的发展变化，“立德”的内涵也随着时代的需求而演进。习近平总书记提出了“明大德，守公德，严私德”[④] 的要求，阐释了“立德”新的时代内涵。明大德，胸怀国家大义，坚决拥护社会主义，坚定“四个自信”，提高政治站位，培养爱国爱党的热烈情感；守公德，自觉遵守公序良俗，增强维护社会秩序的责任意识，弘扬向上向善的社会道德风尚；严私德，严于律己，明确道德认知，坚定自律意识，锤炼自身的品德人格，培养个人道德素质。立德是树人的前提基础，树人是立德的具体落实。树人是指培养担当实现中华民族伟大复兴中国梦的时代新人，也是培养德智体美劳全面发展的社会栋梁，更是培养建设社会主义的继承人。培养社会发展所需的人才就是要坚持立德和树人相统一。立德树人的核心是铸魂启智，本质是提高文化修养，丰富精神生活，增长技能才干。立德树人是对教育的内在逻辑和本质要求的深刻诠释，具有重要的实践意义和时代价值。党的十八大立足于新时代，提出立德树人的根本任务；十九大根植于长远发展，强调这一根本任务的落实；二十大落脚于“办好人民满意的教育”，再次强调落实立德树人根本任务。习近平强调，“高校立身之本在于立德树人”[⑤]。立德树人作为教育根本任务，标明了新时代教育的方向指南。一方面，立德树人是人才培养的重要保障。德与才两者皆是衡量人才不可或缺的重要因素，人才这一“大树”的栽培就是要以“德”为根基，以“才”为枝叶。立德树人清晰地阐明了将学生培养成具有崇高道德品格和过硬才干本领的教育目标。另一方面，立德树人是办好人民满意教育的根本遵循。教育是国之大计，关系到家庭、社会乃至国家的发展和走向。立德树人是国家各领域发展取得新成就的关键所在。

新时代带来新的技术发展和新的生产生活方式。随着人们将社会生活拓展到网络中，道德不再只是传统意义上的道德，而是由现实社会道德和网络道德两方面组成。培养大学

---

① 习近平．决胜全面建成小康社会 夺取新时代中国特色社会主义伟大胜利——在中国共产党第十九次全国代表大会上的报告［N］．人民日报，2017-10-28（001）．

② 习近平．高举中国特色社会主义伟大旗帜为全面建设社会主义现代化国家而团结奋斗——在中国共产党第二十次全国代表大会上的报告［N］．人民日报，2022-10-26（01）．

③ 杨伯峻．春秋左传注（三）［M］．北京：中华书局，2009：1088.

④ 习近平．在北京大学师生座谈会上的讲话［N］．人民日报，2018-05-03（02）．

⑤ 习近平谈治国理政（第二卷）［M］．北京：外文出版社，2017：377.

生的网络道德是高校铸造全面发展人才的重要组成部分。在网络时代背景下，高校立德树人也有了新要求，就是要培养大学生成为具备网络道德的、符合时代发展需要的网民。因此，新时代对大学生进行网络道德的教育也要遵循立德树人的根本任务，“立”网络道德，“树”规范网络行为的人。

（二）坚持以习近平总书记关于网络建设的重要论述为指导思想

进入新时代以来，我国互联网的发展步入了新的进程。建设网络空间是新时代提出的新命题。大学生作为网络的“原住民”，也是网络建设的主力军。提高大学生道德认知水平，坚持知行合一，弘扬向上向善的网络社会风尚是建设好网络空间的应有之义。习近平总书记高度重视网络建设，强调“互联网是一个社会信息大平台，亿万网民在上面获得信息、交流信息，这会对他们的求知途径、思维方式、价值观念产生重要影响，特别是会对他们对国家、对社会、对工作、对人生的看法产生重要影响”①。

首先，加强网络伦理建设，构建网络文明社会。网络建设除了完善计算机技术、网站等硬件设施，加强网络伦理建设、网络精神文明建设也是至关重要的。习近平总书记强调：“要加强网络伦理、网络文明建设，发挥道德教化引导作用，用人类文明优秀成果滋养网络空间、修复网络生态。”② 网络伦理和网络文明已经成为人们道德素养的重要组成部分。习近平总书记指出：“要深入推进公民道德建设、志愿服务建设、诚信社会建设、网络文明建设，不断提高人民道德水准和文明素养。”③ 此外，他还强调：“各级党委和政府要担当责任，网络平台、社会组织、广大网民等要发挥积极作用，共同推进文明办网、文明用网、文明上网，以时代新风塑造和净化网络空间，共建网上美好精神家园。”④ 加强网络伦理、网络文明建设，要推动向上向善网络文化蔚然成风，丰富优秀文化产品的供给，增加《觉醒年代》《我和我的父辈》《长津湖》等系列主流文化作品在网络上的传播，促进先进文化和时代精神充盈网络空间。

其次，占领网络舆论主阵地，营造风清气正的网络空间。网络作为当今时代人们沟通交往和信息交流的“第五空间”，是广大人民的心灵归宿和精神高地。网络社会风气清明，生态运行平衡，有益于文明进步；网络空间乱象丛生，秩序紊乱，不利于人们的发展。构建网络道德秩序，开辟网络生态新境界，打造清朗的网络家园，既是大势所趋，也是人心所向。习近平总书记提出要为广大网民特别是青少年营造一个风清气正的网络空间⑤，制定高水平、高标准的顶层设计和总体设计，探寻全民共建、共治、共享的路径。营造风清气正的网络空间要坚持净网综合治理和文明风尚建设双管齐下，既要以新理念新方式引领

---

① 习近平．在网络安全和信息化工作座谈会上的讲话［N］．人民日报，2016-4-26（02）．

② 习近平．在第二届世界互联网大会开幕式上的讲话［N］．人民日报，2015-12-17（02）．

③ 习近平．习近平在教育文化卫生体育领域专家代表座谈会上的讲话［N］．人民日报，2020-9-23（02）．

④ 习近平致信祝贺首届中国网络文明大会召开强调 广泛汇聚向上向善力量 共建网上美好精神家园［N］．人民日报，2021-11-20（01）．

⑤ 习近平谈治国理政（第二卷）［M］．北京：外文出版社，2017：337.

推动网络综合治理，又要以新文化新风尚塑造网络文明新格局。一方面，加强网络综合治理。积极开展“净网”“创网”“清源”“护苗”等系列网络专项活动，整治网络谣言、网红炒作、网络暴力等乱象，大力推进网络法治化，不断提高综合治理能力。另一方面，加强网络正面宣传工作。习近平总书记强调互联网已经成为舆论斗争的主战场①，指出要重点把握舆论导向，运用舆论引领主流价值观，扬新风树正气，凝聚思想共识，切实建设天朗气清、运行有序的网络社会。

最后，筑牢网络信息安全防线，建设新时代网络强国。进入新时代后，习近平总书记立足于发展大局，扎根国内实际，把握信息化趋势，探索出一条有中国特色治网之路，形成了网络强国战略思想。建设网络强国的战略部署要与“两个一百年”奋斗目标同步推进。② 网络强国思想是信息时代革命潮流与我国发展进程相结合的产物，是信息化推进中国式现代化的方向指南。在网络强国战略思想的指引下，我国网信事业取得了重大进展和突破。移动通信技术得到创新，从3G进阶到4G又跃升到5G，数字经济全面发展，移动支付、远程学习和办公日益成为人们的生活方式，我国正从网络大国迈向网络强国。党的二十大指出，要加快建设网络强国的重大部署，一是要创新信息技术，牢牢抓住技术创新这个“牛鼻子”，加快解决“卡脖子”困境，发挥技术基础的强大支撑作用；二是要筑牢网络安全防线，没有网络安全就没有国家安全③，强化信息安全和隐私保护机制，完善网络安全保障体系；三是要深化网信领域国际合作，遵循全球互联网治理体系变革“四项原则”和构建网络空间命运共同体“五点主张”。

习近平总书记关于网络建设的重要论述是经过长期实践而凝结出的科学性、时代性理论，对新时代网络道德建设工作的重要内容、战略目标和价值意义等问题进行了系统解答，作为网络道德教育的方向标和指南针，为探寻具有创新性、针对性的教育路径提供指导思想。

（三）坚持以相关纲要政策为具体指引

我国深刻洞察全球互联网发展趋势，在准确把握网络空间本质特征和发展规律的基础上，立足建设网络强国、推进国家治理体系和治理能力现代化以及满足人民群众对美好精神生活的向往等现实背景，提出了一系列相应的政策和行动纲要，为大学生网络道德教育提供了符合新时代发展要求的内容、目标、方法上的具体指引。

1. 以《新时代公民道德建设实施纲要》为内容指引

网络道德作为道德的一部分，《新时代公民道德建设实施纲要》系统地提出了建设网络道德的要求，要明确加强网络内容建设、培养文明自律网络行为、丰富网上道德实践和

---

① 习近平关于网络强国论述摘编［M］. 北京：中央文献出版社，2021：50.

② 习近平谈治国理政. 第一卷［M］. 北京：外文出版社，2018：198.

③ 习近平. 敏锐抓住信息化发展历史机遇 自主创新推进网络强国建设［N］. 人民日报，2018-4-22（01）.

营造良好网络空间道德环境。[①] 这既为抓好道德建设的方向保驾护航，也为新时代网络道德教育提供了具体的内容指引，具体内容如下。

第一，加强网络内容建设，树立正确价值取向。建设网络内容既要对网络病毒、反向舆论进行监管和处理，还要加大对向上向善网络文化的投入力度。积极创造弘扬正能量的网络文化作品，发挥主流价值观的引领作用，使时代精神和先进文明在网络上蔚然成风。第二，培育网络自律行为，自觉维护网络道德秩序。倡导文明上网，培育合格网民。用中华优秀传统文化涵养人们严于律己的道德意识，勤以修身，俭以养德，遵循网络运行规律，坚持“不信谣不传谣”的信念，自觉规约网络行为。第三，丰富网络道德实践，促进网络公益健康有序运行。发展网络公益，既是将道德落在实处的行为表现，也是引领道德风尚的网络活动。要弘扬矜贫救厄、乐善好施的中华传统美德，形成互帮互助、助人为乐、大公无私的新时代道德风尚。第四，营造良好网络空间生态，维持网络绿色环境。一方面，严格依法监管和治理网络。依法监督网络直播、网络评论，开展“清朗”“护苗”等专项治网系列活动，坚决打击网络乱象和违法行为，肃清网络空间。另一方面，加强道德教化，发挥道德约束作用。以问题为导向，针对不同人群、不同领域出现的网络道德失范问题，有针对性地进行道德教育，使网民将网络道德规范外化于行，内化于心。

2. 以《关于加强网络文明建设的意见》为方法指引

网络文明是孕育在互联网技术中的一种新的社会文明形态，也是网络文化先进的代名词。习近平在首届中国网络文明大会的致信中强调，“推进文明办网、文明用网、文明上网，以时代新风塑造和净化网络空间，共建网上美好精神家园”[②]。新时代加强网络精神文明建设是推进社会主义精神文明建设的重要组成部分，是实现网络强国战略目标的必然要求，是构建风清气正网络空间的重要保障。2021 年 9 月，中共中央办公厅、国务院办公厅发布了《关于加强网络文明建设的意见》，首次对网络文明建设作出系统科学的规划，进一步明确总体要求、工作目标、主要任务和保障措施，为新时代加强网络文明建设，推进大学生网络道德教育提供具体有力的方法指引。

首先，加强思想引领，培育先进网络文化。进一步巩固马克思主义在网络意识形态领域的指导地位，创造主流文化产品，发挥社会主义核心价值观的引领力，激发中华优秀传统文化的活力，丰富优质网络主流文化作品的供给。其次，加强网络道德建设，规范网络行为。强化网络道德示范引领，推进网络诚信建设，发布“中国好人”宣传活动，带动人们崇德向善。同时，制定网络文明准则，进一步完善家、校、社协同教育机制，着力培养青少年网络素养，提高正确用网、合理用网的意识。最后，加强网络生态治理，创建网络空间文明。充分利用传统节日、纪念日等具有特殊意义的时间节点，组织开展网络文明实践活动，如“清明网上祭奠”，弘扬网络文明风尚。网络如同三棱镜，既折射出文化和价

---

① 中共中央 国务院印发新时代公民道德建设实施纲要［N］. 人民日报，2019-10-28（06）.

② 习近平．习近平致首届中国网络文明大会的贺信［N］. 人民日报，2021-11-20（01）.

值观的交汇与冲突，也呈现出一系列网络生态道德问题。[①]

3. 以《提升全民数字素质与技能行动纲要》为目标指引

习近平指出，“要提高全民全社会数字素养和技能，夯实我国数字经济发展社会基础”[②]。随着大数据、互联网技术的快速发展，新时代对全民数字素质与技能提出了更高的要求。2021 年 11 月，中央网络安全和信息化委员会印发了《提升全民数字素养与技能行动纲要》（以下简称《行动纲要》），对推进数字中国建设和提升国民素质做出了系统战略部署。此外，《行动纲要》顺应新时代要求，赋予数字素质新定义，提出数字素质与技能不仅指人们具备的数字技术素养及其应用能力，还包括人们在使用数字网络时具有的道德伦理、思维方式等人文素养。

《行动纲要》强调了要提高数字安全保护能力，强化数字社会法治道德规范的主要任务。[③] 一方面，提升全民网络安全防护意识，引导人们积极参与国家网络安全宣传周活动、“网络安全进校园进社区”等活动，普及网络安全知识，共同守护网络安全运行环境。另一方面，提高全民网络文明素养，普及网络文明观念，发展积极健康的网络文化，引导网民遵守网络文明规范，形成良好的网络行为。

数字素养既包含了媒介素养、信息素养、计算思维等，还包括了网络道德素养。《行动纲要》是数字素养和技能塑造的方向指南，是建设网络强国和数字中国的现实需要，也是新时代加强网络道德教育的目标指引。

五、新时代大学生网络道德教育的重要意义

大学生是网络社会秩序的维护者和道德的践行者。网络道德教育可以提高大学生的道德水平，是为解决网络失范问题而采取的教育引导和行为规范，是培育时代新人、维护高校网络意识形态安全、建设网络强国的必然要求。

（一）培育时代新人的重要维度

习近平总书记提出，要在加快推进教育现代化的新征程中培养担当民族复兴大任的时代新人。[④] 时代新人是指在理想信念、才干学识、修养品格三个方面符合时代发展需要的新生代和新力量。具体来说，时代新人具有坚毅笃实的政治信仰，具有冲前锋干实事的才学胆识，具有志洁行芳的道德意志。随着“万物互联”网络技术的发展，网络道德作为道德的一部分，培育时代新人，也要注重对他们进行网络上的道德约束和行为规范。因此，加强大学生网络道德教育是培育时代新人的内在要求和重要维度。

---

① 王丽鸽．新时代网络文明建设的认知路向［J］．思想理论教育，2021（12）：85-90.

② 习近平．不断做强做优做大我国数字经济［N］．人民日报，2022-01-16（01）．

③ 提升全民数字素养与技能行动纲要［EB/OL］．中央网络安全和信息化委员会，（2021－11－5）．http：//www.cac.gov.cn/2021-11/05/c_1637708867331677.htm.

④ 习近平谈治国理政．第四卷［M］．北京：外文出版社，2022：339.

首先，有利于坚定崇高信念，培育“有理想”的时代新人。网络社会中正误信息交织，大学生对信息判断标准的认知有所欠缺，自制能力也相对不足，容易受到负面网络舆论和信息的迷惑。这归根结底是因为大学生心中的政治信仰和理想信念不够坚毅，导致网络行为容易偏离“正轨”。例如厦门大学“洁洁良”事件，在网络中传播辱华言论对社会造成了严重影响，就是典型的网络道德失范行为。[①] 新时代大学生网络道德教育以增强责任意识、提升自律能力和规范网络行为为教育目的，在社会主义核心价值观的引领下开展网络道德规范教育，坚定个人的道德信仰，使其自觉抵制网络负面舆论和错误思潮的引诱和侵蚀，筑牢大学生作为时代新人的崇高理想。

其次，有利于实现全面发展，培育“有本领”的时代新人。随着信息化时代的到来，人工智能、云计算、移动支付、远程办公等数字经济深入生活，大学生必须具备网络技能和计算机素养基础，才能更加科学、正确地使用网络。对大学生进行网络道德教育，使其明确网络信息是否正确、行为是否正当的判断标准，从而促进大学生不仅自觉抵制网络乱象，还能运用好网络技术进行基本的反击和举报，承担起作为时代新人维护网络秩序的责任。新时代大学生网络道德教育有利于大学生提高自身的责任感，增强自身本领技能来维护网络安全，提高判断是非的能力，促进全面发展。

最后，有利于提升道德素养，培育“有担当”的时代新人。马克思指出：“工人阶级中比较先进的那部分人则完全懂得，他们阶级的未来，因而也是人类的未来，完全取决于新一代工人的成长。”[②] 时代新人是代表社会主义未来的主体力量，要培养他们勇于担当、胸怀大爱的道德人格。网络道德教育符合时代发展的需求，以社会的道德规范和价值观为基准，引导大学生正确判断网络信息的价值，让他们在各种信息的交融和碰撞中提高筛选信息的甄别能力，减少跟风盲从行为，避免由少数大学生道德素质滑坡而产生的“蝴蝶效应”，有利于提高大学生整体品德修养。

（二）维护高校网络意识形态安全的现实要求

“万物互联”的互联网在推进经济全球化的同时，也缩小了各国、各地区的交流距离。从国际方面来看，国家能够及时获得国际上的实时信息，便于观察和把握国际走向。国与国之间通过网络“高速公路”进行互动和信息交流也逐渐频繁，各种价值观、社会思潮在网络中交融和碰撞。高校作为国家未来接班人的摇篮，其意识形态至关重要。网络是新时代发展的“最大变量”，也是高校教育中的“重要形式”。如今，高校网络意识形态受到诸多现实的挑战。道德具有自我约束作用，网络道德就是对大学生的网络行为进行教化，明确道德标准，提高对网络信息的辨识能力，坚决抵制不良信息，使不法分子无可乘之机。因此，提升大学生的媒介素养和道德意志有利于维护高校网络意识形态安全，具体如下。

---

① 厦门大学通报“田佳良事件”处置情况：开除党籍、退学［EB/OL］. 环球网，（2018-09-02）. https://baijiahao.baidu.com/s? id=1610448214751883973&wfr=spider&for=pc.

② 马克思恩格斯全集（第二十一卷）［M］. 北京：人民出版社，2003：270.

首先，有利于增强网络文化交流中的防范意识。网络中交织着错综复杂的思想文化，大学生要具有明善恶、知是非的能力，辨别特定文化思潮的本质，尤其警惕打着“域外文化交流”“资金资助”等旗号的意识形态渗透。加强网络道德教育就是对大学生进行道德准则的教化和道德意志的增强，在面对西方意识形态的入侵和利益的引诱时，能够坚定自身信念，明辨信息真伪，这有利于提高对西方错误社会思潮和价值观的抵抗力。

其次，有利于增强维护我国网络意识形态安全的责任感。国家的网络意识形态安全需要多方努力来共同维护，既要国家出台相关法律法规，开展专项治网活动，也需要个人的监督和参与。进行网络道德教育，加强大学生的信念感和责任感，促使他们在参与网络热点讨论和评价时坚定政治立场，坚持主流意识形态的引领。同时，在面对负面舆论和抹黑国家形象的言论时，不再作为看客冷眼旁观，而是担负起维护国家意识形态安全的责任，挺身而出勇于“对战”。

最后，有利于增强大学生坚守网络主流意识形态的决心。要应对网络时代的挑战，除了要制定避险机制，也离不开主流意识形态的标杆功能。培育大学生的网络道德，就是增强社会主义核心价值观领导下的网络主体意识、道德准则和坚定信念。当面临网络中不同意识形态的冲突和斗争时，能够坚持以马克思主义为主导，从我国基本国情出发，站在国家和人民利益的维度，坚守主流意识形态安全。

（三）建设网络强国的必由之路

党的二十大提出要加快建设网络强国的重大战略。① 我国正从网络大国迈向网络强国，在新时代人们建设美好生活的需求中，网络起到了不可替代的作用。习近平指出，“要从国际国内大势出发，总体布局，统筹各方，创新发展，努力把我国建设成为网络强国”②。推进网络强国建设是一项庞大的、系统的、科学的工程，需要国家、社会、个人等多方协调配合。青年大学生是我国未来社会主义事业的建设者，不仅具备丰富的理论知识，活跃的逻辑思考能力，还具备良好的人格修养和蓬勃向上的朝气，是推进数字化中国的重要力量。提升大学生的网络道德水平，对助力网络强国的建设具有重要意义和时代价值，既有利于向上向善网络道德风尚蔚然成风，还有利于整治网络乱象丛生的困境，更有利于构建国际网络同心圆。

首先，加强大学生网络道德教育有利于汇聚向上向善力量，加快网络文明建设。网络文明是一种新兴社会文明形态，是社会文明进步的重要标志。加强网络文明建设，既是实现整个社会文明更进一步的重要环节，也是建设网络强国的现实要求。通过创新性、时代性的网络道德教育活动，不仅能引导大学生自觉主动地吸收主流网络文化，还有助于他们自主创作出优秀网络文化作品，如历届全国大学生网络文化节活动推出的优秀作品展示。

---

① 习近平．高举中国特色社会主义伟大旗帜 为全面建设社会主义现代化国家而团结奋斗——在中国共产党第二十次全国代表大会上的报告［N］．人民日报，2022-10-26（01）．

② 习近平谈治国理政．第一卷［M］．北京：外文出版社，2018：197.

这些微视频、歌曲、网文等形式的优秀网络作品，集聚了来自新时代青年向上向善的蓬勃力量，激发大学生在网络中文明共享、情感共鸣、道德共建、行为共进，为建设网络道德文明贡献青春力量。

其次，加强大学生网络道德教育有利于引导规范网络言行，推进网络乱象整治。大学生在网络社会中从主体性转化为社会性，成为网民中的一员，并被给予了平等的话语权。随着移动网络从 3G 发展到 5G 以及无线网络的广泛覆盖，大学生可以在微博、微信、抖音、论坛、弹幕中随时随地发表自己的言论和评价。网络这种自由、匿名的特性使部分大学生认为网络自由至上，不用承担后果，夸大自己的言论自由，肆意造谣传谣，挑起网络骂战。此外，大学生也容易受网络空间中一些不理智、不成熟、情绪化言论的影响，进而盲目跟风发表一些极端言论。比如“饭圈”中常见的粉丝骂战，网络黑界中的“诅咒比赛”“祖安文化”的骂人语录等乱象丛生。通过加强大学生网络道德教育，推进网络文明礼仪的提升和网络价值认知的提高，助力引导网络言行纠偏，整治网络乱象。

最后，加强大学生网络道德教育有利于清朗网络空间，构建网络空间命运共同体。习近平提出，要加快构建网络空间命运共同体，为世界和平发展和人类文明进步贡献智慧和力量。[①] 加强网络空间治理符合新时代信息化发展的要求，为形成网络治理的中国方案、中国智慧提供了实践依据。营造清朗网络空间既要开展专项治网行动，还要增强网民的道德品格，弘扬向上向善的网络文明风尚。这有利于引导大学生遵守网络道德规范，规避网络负面舆论和不良信息的引诱和迷惑，调动积极性、主动性和责任感，自觉制止违反网络道德的行为，营造风清气正的网络环境，推进网络空间命运共同体的建构。

第二节　新时代大学生网络道德教育的现状分析

网络的虚拟性、开放性和自由性削弱了道德的约束功能，这就在所难免地会导致一些网络失范行为的出现。大学生作为网络的使用主体和重要群体，其道德水平对整个网络社会秩序的构建产生深刻影响。近年来，我国颁布多项相关政策文件，对网络道德建设日益重视，教育成效有目共睹，大部分大学生网民的言行展示出较为积极乐观的趋势。但是毋庸讳言，新形势下，部分大学生的网络道德失范现象层出不穷。教育过程中也存在诸多方面的不足。对于现状的剖析和问题的把握，将对进一步思考新时代加强网络道德教育的策略大有助益。

一、当前大学生网络道德教育取得的主要成效

《新时代公民道德建设实施纲要》指出：“把立德树人贯穿学校教育全过程。”[②] 我国

① 习近平．习近平向 2022 年世界互联网大会乌镇峰会致贺信［N］．人民日报，2022-11-10（01）．

② 中共中央 国务院印发新时代公民道德建设实施纲要［N］．人民日报，2019-10-28（06）．

教育的根本目标是立德树人，大学生的道德教育始终备受关注。网络道德教育作为立德树人必不可少的一部分，在各方的重视和合力下，大学生网络道德教育总体呈现良好态势，在国家重视、高校工作、学生个人等诸多方面都取得了明显成效。

（一）国家对网络道德教育的重视提高

网络道德教育工作作为高校思想政治工作的重要组成部分，得到了党和国家的重视和支持，颁布了一系列政策文件为网络道德教育提供战略支撑和方向引导。

一方面，重视教育改革和发展，坚持德育为先。我国为推进教育现代化进程，确定建设教育强国的方向和目标颁布了一系列政策文件。教育改革政策中强调了道德教育的首要地位。2020 年 10 月，中共中央、国务院印发的《深化新时代教育评价改革总体方案》，方案指出要将品德修养作为首要考量因素。[①] 此外，《中国教育现代化 2035》提出了推进教育现代化的基本理念“八个更加”，其中排在首位的是“更加注重以德为先”。[②]

另一方面，注重网络道德的建设。爱国是公民立德之源，培养网络爱国情感是网络道德的内在要求。2019 年 11 月，中共中央、国务院颁布了《新时代爱国主义教育实施纲要》，纲要立足新时代的要求，在网络中唱响爱国主旋律，加强建设爱国主义信息化工程，创作短视频、微电影、音频、网文等优秀网络作品，推进网络爱国主义教育。[③] 此前，在《新时代公民道德建设实施纲要》中也强调了抓好网络道德建设，发展积极向上的网络文化，建立网络行为规范，丰富“互联网+公益”实践活动，营造清朗网络环境，教育培养网民的网络素养。[④] 2021 年《关于加强网络文明建设的意见》的颁布，指出要加强网络生态治理，教育广大网民自觉抵制不良风气，弘扬积极健康的网络文明风尚。[⑤] 这些政策文件的颁发彰显了国家对网络道德教育的高度重视，从而引领社会各主体的关注和参与，推进网络道德教育工作的开展和完善。

（二）高校网络道德教育工作取得进展

作为我国未来的建设者，大学生具有良好的道德修养，可以为推进社会主义现代化强国贡献精神力量。在网络建设现实需求和国家相关政策的指导下，高校越来越重视对大学生网络道德品格的塑造，教育工作也取得一定的进展，具体如下。

第一，高校营造文明向上的育人环境愈加积极。随着网络的普及，网络道德也逐渐成为高校教育的重点和个人道德的评估标准之一。行为是道德的外在表现，也是教育成果的检验。高校越发重视对网络行为的规约，对大学生在网络中的失范行为及时作出回应和处

---

① 中共中央 国务院印发深化新时代教育评价改革总体方案［EB/OL］. 中国政府网，（2020-10-13）. http://www.gov.cn/zhengce/2020-10/13/content_5551032.htm.

② 中共中央 国务院印发中国教育现代化 2035［EB/OL］. 中华人民共和国教育部，（2019-02-23）. http://www.moe.gov.cn/jyb_xwfb/s6052/moe_838/201902/t20190223_370857.html.

③ 中共中央 国务院印发新时代爱国主义教育实施纲要［N］. 人民日报，2019-11-13（006）.

④ 中共中央 国务院印发新时代公民道德建设实施纲要［N］. 人民日报，2019-10-28（06）.

⑤ 中共中央办公厅 国务院办公厅印发关于加强网络文明建设的意见［EB/OL］. 中国政府网，（2021-9-14）. http://www.gov.cn/xinwen/2021-09/14/content_5637195.htm.

理。如苏州大学学生赵某某网络造谣侮辱女性，对此苏州大学迅速展开调查核实，对其道德失范进行开除学籍的处分惩罚。无独有偶，南华大学也对学生何某某 P 图造黄谣的恶劣网络行为作出开除学籍处分。高校通过加大对网络失范行为的惩罚力度，积极营造文明向上的育人环境，使大学生打消网络行为“弱后果性”的观念，发挥警示教育的作用。

第二，教育工作者队伍趋向完善。主要是指在大学生网络道德教育过程中处于工作前沿和具体落实的团体，包括辅导员、思想政治理论课教师以及信息技术专业教师等。这一教育群体发挥积极的价值导向作用，提高学生在网络中的知、情、意、行的道德水平。高校网络道德教育队伍逐渐壮大，教师的专业性有所增强，分工明确，辅导员主要负责网络道德的日常疏导和管理，专业课教师负责计算机知识和道德准则的教学，网络道德教育队伍结构日趋完善。

第三，高校网络道德教育工作效率日益提高。网络既改善了教育硬件设施，还提供了多元化教育资源。高校建立在互联网技术基础上的官方网站、微信公众号、微博账号、贴吧等为网络道德教育带来崭新渠道，激发学生的学习兴趣。声音、图片、视频等新形式的网络应用，赋予了教育方式的互动性和趣味性，引发大学生浓厚的学习兴趣，不仅极大地提高了工作效率，还易于取得良好的教育成效。

第四，高校网络道德教育氛围愈加浓厚。众多高校不断升级教育硬件设施的同时，也愈加注重创造一个健康向上的育人环境，营造浓厚的学习氛围。高校将网络安全、文明礼仪、道德规范等知识融入日常生活细节中，对大学生进行潜移默化的熏陶。在图书馆书架与外墙、学校主干道、教学楼等生活场所张贴网络行为准则的标语，在微信公众号、微博账号等新媒体平台上发布、转发网络道德教育内容，把握“国家网络安全周”契机开展网络道德、安全知识专题培训，体现了高校越来越重视学生的网络道德教育。

（三）大学生的网络道德意识有所增强

随着网络将万物互联，大学生在学习、社交、购物、娱乐等各个方面都与网络有着千丝万缕的联系。然而涉世未深的大学生的信息甄别能力和道德规范相对欠缺。近年来，在各方教育合力下，培养了大学生对于网络不良思潮的抵制意识和行为自律能力，促进了网络道德意识由薄弱到增强。

大学生网络道德意识在知、情、意、行四个方面都呈现出较为良好的态势。第一，网络道德认知由模糊到清晰。认知是行为的先导。网络道德认知就是对人们在网络行为中的道德准则观念的掌握和理解，是辨明网络是非、善恶的标尺。当前，大学生基本能恪守行为底线和遵循道德准则。根据调查显示，90.5%的大学生表示在面对网上的热点事件时能够保持冷静分析和理性判断，92.2%的大学生表示在网上发表言论时能够深思熟虑。① 一方面，大多数大学生能够通过网络道德知识体系的学习，澄清错误的认知，对网络诈骗、网络暴力、网络赌博等不良诱导具有基本识别能力和自觉抵制意识。另一方面，大学生也

① 沈壮海．中国大学生思想政治教育发展报告 2020［M］．北京：北京师范大学出版社，2022：208.

能运用网络道德准则对自身网络行为进行反思和衡量。第二，网络道德情感由冷漠到热烈。作为一种情感的共鸣，网络道德情感是指人的网络行为是否符合主流价值观，是否符合自己道德需求而产生的情感体验。在面对涉及国家主权的问题上，大部分大学生都能在网络中强烈而理性地表达自己的爱国主义情感。第三，网络道德意志由脆弱到坚定。意志是认知和情感发展到一定阶段后相互作用的产物。网络道德意志是指主体在网络活动过程中，根据目的调节支配自身的行动，努力克服主客观上面临的各种挑战，为实现预定目标的心理倾向。根据调查显示，青少年具有较强的自我约束力，只有 8.54%的青少年表示非常符合“手机无法上网时会感到焦虑”。① 而有 77.2%的大学生表示在网络上看到有抹黑党和政府的言论时会予以反驳。② 大多数大学生不仅有较为坚定的意志约束自身的行为，面对网络中敌对势力所抛出来的诱惑信息和垃圾资源也敢于“亮剑”。第四，网络道德行为由随性到规范。大学生能够自觉遵守相关的文明公约和网络法律规定。《全国青少年网络文明公约》的“五要”“五不”明确了青年学生在网络中的可为与不可为行为。《中华人民共和国网络安全法》《互联网信息服务管理办法》等网络法规罗列了针对网络违法犯罪行为的具体处罚办法。绝大多数大学生在网络社会中能够规约自己的行为，践行文明礼仪，还能通过实践活动弘扬向上向善的网络道德风尚。在微博中，由共青团中央发起的“清朗网络·我来护苗”主题青年网络文明志愿者大行动，实现了 97.4 万人次的阅读量，带动全国各大高校争先发布网络文明志愿者的相关活动。大部分大学生已不再是袖手旁观的看客，而是勇于承担网络文明建设的主力军，能够参与健康向上向善网络文化的建设，营造一个公平正义、尊重有序、创新共享的网络环境。

二、新时代大学生网络道德教育存在的若干问题

新时代加强网络道德教育，是驱动大学生成为“网络强国”建设力量的必行之策。毋庸置疑，在多方努力协作下，当前教育工作确实收获了一定成果，部分大学生的网络失范行为也有所改善，但是在教育过程中仍存在内容、方法、机制和合力等多方面的不足。

（一）网络道德教育内容相对滞后

教育内容要以目标为方向，立足实践基础，坚持以问题为导向。当今时代网络技术的发展日新月异，既为网络道德教育提供了愈加丰富的内容，也为内容的选择与更新带来极大的挑战。尼葛洛庞帝在《数字化生存》中提到，当年青一代先于教育者获得最新资讯和信息，而教育者仍然坚持自我，无法及时更新知识，便必然无法取得理想的教育效果。③ 随着移动网络的普及，“机不离手”的大学生随时随地都在接收新信息，但是教育内容却未与时俱进，因此存在着滞后性的问题，主要包括以下三个方面。

---

① 李培林，陈光金，王春光．2020 年中国社会形势分析与预测［M］．北京：社会科学文献出版社，2020：168.

② 沈壮海．中国大学生思想政治教育发展报告 2020［M］．北京：北京师范大学出版社，2022：208.

③ 尼古拉·尼葛洛庞帝．数字化生存［M］．胡泳，范海燕，译．海口：海南出版社，1997：302.

第一，忽略网络的即时性，教育内容未能与时俱进。网络道德教育要立足于大学生网络生活的现状，坚持以问题为导向，及时更新教育内容，才能提高教育的针对性和实效性。然而，根据调研数据显示，有 12.7%的大学生认为存在着“信息更新慢”，15.4%的大学生认为“案例陈旧”，12.8%的大学生认为“原创不足”等问题。[①] 在教育过程中部分教育者还停留在“2G 网”，与网络上的热搜、流行语等脱节，教育内容自然无法跟上信息更新的节奏。这就导致大学生很难将这些“教条化”的书本知识、陈旧的网络案例与实时变化的网络问题进行一一联系，更无法将此作为指导自身网络行为的道德规范。

第二，无视大学生的特性，教育内容缺乏针对性。网络道德是一种价值观念，只有当大学生真正理解并主动接受教育内容，才能将这一道德准则外化于行，内化于心。根据埃里克森人格发展理论，每个阶段的人格都有其特点，大学生所处的 18~25 岁这个年龄段是成人早期，这个阶段的人具有自尊心较强，自我认同感强的特点。[②] 然而大多数教育者在教育内容的设定中，较少从学生的心理特征出发，只是颇具理论性地告诉学生在网络中要以什么标准要求自己，笼统地划分学生的“可为”与“不可为”行为，缺乏有针对其具体失范问题的分析。简而言之，当前的网络道德教育缺乏针对性，教育内容过于理论性、笼统性，脱离大学生独特的个性和实际问题，不能将教育内容与大学生的多重需要有效结合。

第三，多元社会思潮的冲击，教育内容导向性不足。我国的教育一直都是以社会主义核心价值观为内容导向。西方社会思潮通过网络不断输入，多种文化、价值观念相互碰撞，有些甚至冲击我国社会主流文化，对网络道德教育内容的导向性带来了巨大挑战，侵蚀大学生主流价值观的构建，解构政治价值观，导致网络道德教育内容的导向功能受到影响。

透过现象深入问题本质。网络道德教育内容相对滞后这一问题产生的原因包括两个方面。其一，教育者的新媒介素养水平与大学生更新信息的速度具有一定的偏差，使教育内容难以保持与时俱进和针对性。其二，多元化社会思潮对教育内容的导向性产生负面影响，加深了大学生网络道德教育的难度。

（二）网络道德教育方法比较单一

科学的教育方法作为介体是实施具体内容、达成教育目标的关键。网络的多元性和即时性不仅要求教育方法要保持新颖性，也要求增加多样性和趣味性。然而，当前网络道德教育的方法略显单一，未能与时代发展的要求相契合。

第一，沿用传统的灌输方式。灌输教育法既不是教授道德的方式，也不是一种道德的教学方式。[③] 这种教育方式不顾及学生学习的客观规律、理解能力以及知识水平的高低，

---

① 沈壮海．中国大学生思想政治教育发展报告 2020［M］．北京：北京师范大学出版社，2022：194.

② 爱利克·埃里克森．身份认同与人格发展［M］．王东东，胡蘋，译．北京：世界图书出版公司，2021.

③ 罗俊丽．科尔伯格道德教育理论及其对中国道德教育的启示［J］．道德与文明，2008（2）：75-78.

把现成的知识结论强硬地灌输给学生，不符合时代发展的需求。如今，微博、抖音、哔哩哔哩等网络平台上的评论、弹幕等风靡全网，创造了交互平等式的信息传播渠道，提高了大学生对互动式学习的期望值。然而根据调查显示，有 15.6%的大学生说他们的老师仅讲解网络道德培育的内涵。① 可见，现行的网络道德教育主要采用单向传授的说教方式，缺乏双向互动交流，难以激起学生的价值认同和学习热情。例如“网络安全教育周”的相关主题班会，主要由教育者主动组织开展，以口头表述或者播放视频等形式化的方式完成教学任务。教育者和受教育者双方在看似和平的状态下完成了网络道德教育的任务，但实际教育效果极低。

第二，未能充分运用网络平台。互联网应用的日新月异为教育方式提供了全新的角度和思路，运用互联网开展教育工作是顺应网络时代来临的必由之路。尽管人们越来越重视网络这一媒介，但是在实际的运用中，网络在教育中的作用并未得到充分的体现。一方面，部分教育者自身的网络素养未能跟上时代的步伐，对于网络技能知识比较陌生，未能成为网络社会真正的参与者，对于学生在网络中的言行举止、思想动态无法及时知悉。另一方面，高校的官方微博、微信公众号等作为网络道德教育的阵地，内容相对刻板，缺少互动性，学生对其关注度不高。调查报告显示，有 63.7%的大学生认为当前思想政治教育类新媒体平台“理论性太强”，而 47.2%的大学生则认为“缺乏互动”。② 不管是推文还是视频推送都无法引起学生的思想共振和情感共鸣，因而网络道德教育的成效并不明显。

综上所述，网络道德教育方法比较单一的问题主要体现在大多数教育者沿用传统的灌输方式，对网络平台这一创新教育载体未能充分运用。

（三）网络道德教育机制有待完善

教育机制是指为保障教育系统的正常运行，内外部各要素之间相互联系、相互制约的关系及其调节形式。但是，目前网络道德教育的引导机制、队伍保障机制等还不够完善，是教育过程中存在的不足之一。

第一，教育引导机制尚不完善。首先，制度保障不足。教育制度保障是维持教育活动正常运行最基本的条件。然而，有些高校对其并没有充分地重视，在资金、资源和管理等方面的保障机制都不健全，从而出现了制度保障在教育过程中的缺位。其次，网络文化体系不完善。健康向上的文化促进网民的发展，消极负面的文化阻碍人们的进步，网络文化具有价值引领作用。然而，有些高校对于构建向上向善的文明风尚没有给予足够的支持，在建设网络文化宣传阵地时，既没有发挥传统媒介的作用，也没有把握好网络媒介，出现高校网络文化氛围不够浓厚的不足。

第二，教育队伍保障机制不完善。一方面，教育队伍机构机制不合理。大部分高校缺乏对教师科学、专业的选拔和培训，教师队伍的资源配置与管理制度不健全，使工作机制

① 李祚．新时代大学生网络道德培育研究［D］．长春：长春工业大学，2022：23.

② 沈壮海．中国大学生思想政治教育发展报告 2020［M］．北京：北京师范大学出版社，2022：194.

不完善。另一方面，教育队伍能力机制不完善。由于肩负着“教书育人”的使命，对教育队伍的专业、组织和协调能力提出了更高的要求。然而，目前我国一些高校网络道德教育队伍能力机制还不健全，加之一些教师本身对互联网的认识还不够深刻，导致其自学激情也不高。网络道德教育队伍组织和能力机制的不完善，导致出现教育队伍素质参差不齐的问题。

综合以上，在大学生网络道德教育的过程中存在教育机制不够完善的问题，主要成因是：部分高校对网络道德教育制度的建设重视程度不足，忽视校园网络文化和教师队伍的建设。

（四）网络道德教育合力尚未形成

马克思主义认为，事物要素之间的优化组合有助于发挥整体功能。大学生网络道德教育是一项系统的教育工作，要求各教育主体之间进行互动和协作，从而将教育效果放大到“1+1>2”。当前高校在教育中毋庸置疑是处于主体地位，但是家庭教育的补充作用、自我教育的支撑功能都尚未得到充分的挖掘和协同运用。

第一，家庭网络道德教育的缺失。道德意识始于儿童阶段，发展于青年阶段，形成于成年阶段。家庭的教育，特别是对学生道德启蒙、人格塑造一直以来都具有不可替代的作用。目前，绝大多数家庭对大学生的上网情况主要关注使用时间的长短，对于上网内容和动向等情况极少过问，对于上网注意事项、行为准则等相关知识更是知之甚少。

第二，大学生自我教育意识不足。认同感及配合度是影响教育效果的直接因素。只有当大学生对网络道德产生深刻的认同感，才能自觉接纳和学习，从而达到教育目的。在这个年龄段，大学生已经拥有了很强的独立和自由的意识，将互联网视为一个大众的资讯媒体，网络和道德的问题都可以用技术来处理，排斥进行自我教育。大学生对于网络道德及其教育的质疑态度，无疑影响着教育者的工作进度，也阻碍着自我教育的实施，他们自律意识的缺乏、自我教育能力的不足以及不配合使得教育合力难以形成。

综上可知，当前网络道德教育过程中存在教育合力未形成的问题，除了学校教育以外，家庭教育和自我教育的作用也发挥得不够明显。在家庭教育方面，是由于家长对网络道德的教育理念匮乏，对网络技能的陌生和信息辨别能力的不足。在自我教育方面，大学生自身的自律意识淡薄，对网络道德教育的认同感不足，导致配合度差，从而导致自我教育在教育合力中的缺失。

第三节　大学生网络道德教育的实践路径

认识的落脚点是实践。加强大学生网络道德教育，最终落脚点就是完善教育的实施路径，以期增强教育的实效性。本节立足新时代的要求，从道德现状出发，坚持以教育问题为导向，从夯实内容、创新方法、优化机制三方面加强学校教育主阵地作用。同时凝聚校外合力，对新时代大学生网络道德教育的实施策略进行校内外全方位的完善。

一、夯实大学生网络道德教育内容

思想是行为的先导。教育内容作为思想的载体，是做好教育工作的关键。毋庸置疑，当前网络道德教育内容的确具有网络特性，也逐渐趋于全面。但是在新时代的环境下，大学生网络道德教育的内容还必须坚持导向性，应提供正确的价值取向和政治观念。因此，要坚持以社会主义核心价值观为主导、坚持中华优秀道德文化为根基、坚持网络意识形态安全为拓展、坚持网络法律规范为保障等多方面夯实教育内容，增强内容的导向性和实效性。

（一）加强社会主义核心价值观教育

互联网作为不同思想观念汇聚、交融和冲突的场所，对大学生正确的世界观、人生观、价值观提出了严峻的考验。《新时代公民道德建设实施纲要》指出："坚持以社会主义核心价值观为引领，引导人们明大德、守公德、严私德。"① 社会主义核心价值观是网络道德的主导价值标准，是衡量大学生价值取向的重要依据。面对愈加复杂的网络环境，仅以网络道德规范和信息素养为内容来教育学生是远远不足的。因此，高校在教育过程中要始终坚持以社会主义核心价值观为主导，紧扣时代主旋律，增强道德判断和选择能力，引导学生在网络中"明大德、守公德、严私德"。

社会主义核心价值观在国家层面提出"富强、民主、文明、和谐"的要求，是推进实现网络强国的价值目标。大学生作为国家建设的重要力量，必须树立正确的价值目标，担负起维护国家安全和网络安全的重任。在社会层面提出"自由、平等、公正、法治"，表明营造风清气正网络社会的价值取向。随着西方资本主义价值观的输入，拜金主义、享乐主义、利己主义等不良社会风气逐渐抬头，致使网络空间乌烟瘴气。大学生要坚持科学的价值取向，才能抵制不良信息的侵扰和诱导。在个人层面提出"爱国、敬业、诚信、友善"是实现个人全面发展的价值准则。这为大学生提供了行为标准，对其网络行为发挥着导向和评价作用。

加强社会主义核心价值观，就要落实到教育实践。一旦脱离了实践，空有理论就是纸上谈兵。只有付诸实践，社会主义核心价值观才能迸发活力。无论是在课堂上，还是在日常网络生活中，高校教育者都要坚持实践性，引导大学生将"天下兴亡，匹夫有责"的爱国、"善学者能，多能者成"的敬业、"人无信不立"的诚信以及"与人为善，取人为善"的友善等个人道德品格落实到行为中去。引导大学生遵循社会主义核心价值观的实践导向，不断地充实对网络价值观的认识，坚定政治立场，自觉抵挡住负面信息的诱惑和动摇。

（二）加强中华优秀道德文化教育

新时代大学生网络道德教育内容必须与道德基础相适应。中华优秀传统文化是几千年

① 中共中央 国务院印发新时代公民道德建设实施纲要［N］．人民日报，2019-10-28（06）．

来蕴藉着高尚品德和聪明才智的精神命脉。这一宝贵的精神财富随着历史的前进得到不断的积淀和传承，在网络信息技术突飞猛进的时代更是踵事增华，为推进新时代网络道德的教育事业提供了道德底蕴。

首先，挖掘优秀道德文化中所蕴含的家国情怀，培养大学生的民族精神和社会责任感。网络信息无国界，但是作为网络使用者是有国界的，无论何时何地都应维护国家的安全、荣誉和利益。优秀传统文化中关于爱国大义的内容对于丰富教育内容具有重要价值。从《易经》的“天行健，君子以自强不息”到“天下兴亡，匹夫有责”再到“捐躯赴国难，视死忽如归”等，稳固教育内容的文化根基，警醒大学生谨记自强不息的民族精神，引发大学生对浓厚家国情怀的共鸣和思想共振，自觉维护国家安全和网络安全，共建向上向善的网络文明风尚。

其次，追寻优秀道德文化中所包含的修身养性，引导大学生完善个人道德品格。网络的匿名性和虚拟性，亟须培养大学生的诚信品质。“人而无信，不知其可也”“言必行，行必果”为大学生塑造诚实守信的品格修养奠定基础，推动相互尊重、平等交流的网络人际关系的构建。此外，在如今监管机制还未完善的网络社会中，个人的自律意识发挥了重要作用。“己所不欲，勿施于人”“莫见乎隐，莫显乎微，故君子慎其独也”，慎独与自省是修身养性的重要方式，人在独处时也要时刻遵守道德伦理准则，并经常“三省吾身”，才能具备崇高的品格修养和道德情操，有效引导大学生在网络中严于律己，自觉遵守相应道德原则和规范。

（三）加强网络意识形态安全教育

意识形态是系统地反映社会经济形态、政治制度和文化模式的思想体系。意识形态工作以建构具有思想吸引力和政治凝聚力的社会主义意识形态为目的，引导思想观念、凝聚政治认同、推动文化传承。网络意识形态安全既包括了维护国家安全，也包含了筑牢意识形态安全。

将网络意识形态安全作为教育内容既是提高大学生个人主流认同感的要求，也是推进网络强国建设进程的关键，更是顺应时代发展潮流的需要。针对新时代意识形态领域出现的新情况、新要求，要始终坚持马克思主义的指导地位，以习近平新时代中国特色社会主义思想为科学指南，筑牢大学生主流价值观的主导地位。在内容上，要对网络舆情进行有效的导向，培育向上向善的网络文化。始终坚定地把握好政治方向，树立正确的价值取向，不断更新网络正能量的典型榜样事迹，加强和改进正面宣传导向。在形式上，顺应网络社会的运行规律，运用好丰富多元的文化载体，创造大学生喜闻乐见的数字化文化成果。

（四）加强网络法律规范教育

虽然道德与法律并不等同，但是法律是道德底线的保障。加强网络法律规范教育，使大学生充分认识和了解网络法律的相关内容及其制定的目的，从而主动遵守法律规范，创建和谐的网络氛围，推进网络道德向着规范化方向发展。

首先，普及网络法律知识，使大学生知法懂法。增强大学生对于网络法律知识的掌握和理解是大学生守法、用法的前提。宣传和普及网络法律知识，就要发挥思想政治理论课主渠道作用，在课堂上系统地对大学生进行网络法律知识的灌输。此外，还要创新普法教育方式，充分运用校园网、校园广播、学校宣传栏等多样化载体，开展网络法律知识讲座、法律知识竞赛等新颖普法活动方式。通过法律知识的学习使大学生实现网络道德的他律，震慑和警示部分大学生利用网络虚拟性特征进行不道德行为乃至违法犯罪的投机心理。

其次，培养网络法律思维方式。法律规范教育内容不仅包括普及法律知识，还应该包括培养大学生的法律思维方式。法律思维方式就是指按照法律规定、原理和精神，思考、分析、解决问题的习惯和取向。培养大学生网络法律思维方式，有助于大学生在面对亦真亦假的网络信息时，秉持着讲证据、讲程序的思维方式，辨别信息的真伪性。培养网络法律思维方式既要加强法律理论知识的教育，还要通过剖析当前网络热门事件，有针对性地向大学生解读法律观念，从而使其形成法律思维方式。

最后，增强网络法律意识。高校教育者主要可以采取线上、线下相结合的方式，增强大学生网络法律意识，使大学生知法、守法、用法，自觉遵守和维护网络法律规范。在线上，可以通过网络、微博、微信或其他新媒体，及时传达网络法律和管理规定的最新动态、具体案例的剖析和曝光，以此增强警示和教育效果。通过正面和反面的案例及生动的现身说法，促使大学生正确审视网络行为。在线下，建立网络道德监督组织和学生网络法律咨询台，及时疏导大学生的网络道德情感，明确大学生网络权利和责任的统一和对危机的干预与处理。

二、创新大学生网络道德教育方法

网络道德教育具有明显的时代性和时效性的特征，只有与社会实践相契合的教育方法，才能抓住大学生的“眼球”，充分调动他们学习的积极性和主动性，从而实现预期的网络道德教育效果。因此，学校要积极把握网络时代潮流，在传统教育的基础之上，合理地创新教育方法。

（一）建立“无缝”网络交流话语

网络时代的发展变化，客观上要求教育的交流话语体系要与时俱进。传统的道德教育话语体系受时代的影响，在内容与形式上有着极其鲜明的特点，如话语的严肃性、话语的规范性、话语的固定性、叙事的宏大性等。① 这种“高大上”、理论性强的话语固然能起到一定的宣传和说教作用。然而对于身为“网络原住民”的大学生而言，这种交流语言与个人生活实际产生距离鸿沟，倾向于形式化、固定化和口号化，在教育过程中筑起“交流

① 王贤卿．道德是否可以虚拟——大学生网络行为的道德研究［M］．上海：复旦大学出版社，2011：183.

高墙”。因此，网络道德教育要尽量缩小言语“代沟”，贴合大学生的心理特征和语言表达习惯，拉近与大学生的距离，灵活运用趣味化的网络文字符号为载体，使教育内容以通俗易懂的形式呈现，将抽象的、纯理论化的内容具象化。

一方面，借鉴网络话语，立足于大学生热衷的热搜话题，将理论化的教育内容转化为“接地气”、通俗易懂的语言。要使网络道德不是深入云端、高得遥不可及的梦想口号，也不是战斗式、理想化的革命修辞，而是要将其变成一种触手可及的、鲜活的、生动的、易于被大学生所理解和认同的话语体系。建立“无缝”网络交流话语，学校还可以打造更多制作精良的网络作品，通过发挥“网红”效应，最大化地将网络道德教育内容输送给大学生，以期达到知行合一的教育目的。另一方面，在教育过程中更加重视对“网红文化”“弹幕文化”等大学生喜闻乐见的形式进行运用。巧妙利用这些网络文化，并非一味追求娱乐化，也不是品味低俗化，而是为了跨越心灵鸿沟，拉近精神距离，建立与大学生“无缝”对接的话语方式，强化网络道德教育话语的亲和力，达到教育的良好效果。

（二）挖掘多样网络道德教育载体

每种内容形态的教育都有特定的载体来作为传播的媒介。教育载体承载着丰厚的价值意蕴和道德涵养等精神财富，但也应紧跟时代变革趋向多元化。当前，网络道德教育主要依托课程载体，然而随着信息技术的更迭，各种道德问题纷沓而来，传统的、单一的载体已经无法解决教育困境。因此，网络道德教育要顺应时代潮流，挖掘符合大学生的习惯偏好和主观诉求的多样化教育载体。

一是运用校园文化载体。文化载体是指从文化建设的角度出发，把网络道德教育的内容寓于文化建设的过程中。大学生长期生活在校园里，良好的校园网络文化氛围具有“以文化人”的作用，发挥着价值导向、精神凝聚的功能。首先，营造浓厚的校园文化氛围。注重校园道德文化的基础设施和宣传网站建设，融入一些与网络道德准则相关的元素，例如，建设具有相关特色的网络文化走廊，陈列播放优秀的数字化作品，通过潜移默化的影响使大学生在网络中思想共振，情感共鸣。其次，发挥团学组织的作用，以立德树人为根本目的打造精品学生社团，将网络道德的相关内容寓于活动中，例如青年网络知识宣讲团、网络知识答疑等富有特色和趣味性的学生活动。充分发挥品牌社团在朋辈中的影响力，营造积极健康，共建共享的校园网络文化氛围。

二是发展校园网络公益载体。经济的飞速发展，使人们不再局限于物质需要，更多地关注精神需求，社会对公益的需求与日俱增，投身到公益活动的人越来越多。互联网深入人们生活，网络公益也随之产生，是人们的一种精神慰藉，人们可以运用自己的经验和知识在数字化社会中满足他人的精神需求。校园网络公益是大学生参与网络道德实践的重要形式。《新时代公民道德建设实施纲要》指出：“要积极培育和引导互联网公益力量，壮大网络公益队伍，形成线上线下踊跃参与公益事业的生动局面。”① 要站在网络时代发展

① 中共中央 国务院印发新时代公民道德建设实施纲要［N］．人民日报，2019-10-28（06）．

的“风口”，乘势推动网络公益成为网络道德的教育载体和实践场地。学校要建设“互联网+公益”的新模式，加快线上线下相融合，大力弘扬校园网络公益新风尚，引领大学生在公益中落实网络道德实践。

（三）构建校园网络舆论引导平台

当今人们身处网络时代之中，广受网络舆论的影响。网络舆论引导是指运用舆论手段干预和控制网络争议和社会热点，引导人们坚定主流价值观，抑制负面舆论的影响，促使人的全面发展。把引领网络舆论作为道德教育实践的重点手段是必然之策。当前，网络应用遍及全球，西方发达国家起步早、发展快，网络技术更是超前。然而，他们对中国和平演变政策一直未变，如今更是想通过网络舆论对中国年青一代的思想进行吞食和演化。如“新疆棉”事件，未进行实地调查便胡乱批判我国人权问题。因此必须高度重视网络舆论引导教育，做到去其糟粕，取其精华，给当代大学生一个健康的教育环境，给予他们正确的网络引导。

一是加强网络舆论监督。网络舆论的引导要发挥积极有效的作用就必须对舆论状况有详细的了解，并且详细掌握它的发展态势。一方面，掌握当前大学生对热点问题的主要看法，以及对网络道德标准的认知程度，这是进行舆论引导的第一手资料；另一方面，加强网络舆论监督，了解大学生网络行为状况也是对网络舆论引导效果的积极反馈，及时调整引导方式，保证教育方向的正确性。

二是过滤网络舆论信息。网络舆论信息繁多，涉及面广，信息质量良莠不齐。不良的舆论信息在网络中传播易于使价值观尚未成型的大学生群体形成一种错觉，认为流行的都是正确的，这对形成正确的网络道德评价标准产生重大的冲击，阻碍网络道德教育的成效。就当前网络技术背景而言，虽然不可能将所有不良信息完全屏蔽，但可以进行分类对待，然后有针对性地进行抵制和剔除。

三是形成积极健康的舆论环境。向上向善的舆论氛围会给大学生积极健康的暗示信号，有利于教育环境的有序运行。运用大数据算法，根据访问内容、发表评论等行为来定位大学生的兴趣爱好，智能判断行为是属于哪一类别，将网络道德的内容信息有针对性地推送。同时，将舆论引导纳入新时代立德树人的方式体系中，是营造积极舆论氛围和建设与时俱进教育环境的时代要求。运用校园网、主流媒体等教育载体，创作优秀网络文化作品，弘扬正能量，树立新风尚，营造健康的网络舆论氛围和校园教育环境。

三、优化大学生网络道德教育机制

教育机制是指教育过程中各部分之间的内在逻辑和运行机理。当前大学生网络道德教育存在机制不完善的现实困境。优化学校教育机制，有助于正确认识网络道德的内容，把握运行规律，厘清思路。在新时代背景下，加强大学生网络道德的教育，要以高校为主力协同推进教育机制协调性、层次性和综合性的优化，实施“网前”教育，“网上”疏导，“网下”引导的工作方法。

（一）完善网络道德教育领导机制

领导机制是教育的方向指南和运行保障。要建立“统一领导，分级负责”的管理机制，使网络道德教育在层层负责下确保落实。宏观层面，健全社会各层面教育组织体系。政府及相关部门要坚持党的统一领导，紧跟社会发展的时代要求，制定详细的相关实施准则，强化大学生网络道德教育的政策支撑和制度保障，调动整个社会的资源共同努力，协同推进教育工作成效的最大化。微观层面，高校落实党和国家的教育政策，建立完善的教育领导机制。首先，高校要顺应我国教育事业的发展趋势，遵循立德树人的根本任务，将网络道德的建设和网络的综合治理作为一项重要的任务来抓，将网络道德摆在重要的位置。针对教育的理论与实践问题，制定相关文件，为网络道德教育的落实提供统筹规划、政策协调和方向指导的宏观引领作用。其次，着力促成学校各部门齐抓共管、协同有力的局面。整合各部门的资源力量，加强学工部、宣传部和技术部门等部门的协同，建立工作机制。对工作和责任进行具体详细划分，将教育任务分解到具体部门。同时，强化各部门之间的交流与合作，统筹高校整体规划，对大学生网络道德教育进行全面部署。最后，在体制机制上建立和完善网络舆情应变机制。提高对校园网络舆论的关注度，建立一支高校网络舆情引导和监督的队伍，把握大学生的网络舆情动向，构建舆论导向与治理体系。建立以法律法规为武器的网络管理和教育机制，探索建立高校网络规范，在行政管理、网络使用、分析研判等方面都有相应的管理和保障机制，确保教育工作的顺利开展。将教育工作常态化和规范化，定期召开校园网络舆论热点讨论会议，确保师生都形成良好的网络使用习惯，净化高校网络舆情环境和教育氛围。

（二）健全网络道德教育评价机制

评价是立足于教育目标，在主流教育观念的指导下，对网络道德教育活动、过程和效果进行科学的判定和实事求是的分析。完善的教育评价机制具有教育导向和监督、鉴定和管理、诊断和激励的功能。加强大学生网络道德教育，就要健全教育评价机制。

第一，应确定评价范围和内容。网络道德教育的实施主要包括教育者、受教育者和教育过程，因此，对教育的效果进行评价，就是对这三要素逐一进行分析评价。首先，对教育者的评价，即运用既定的科学标准，对教育者的专业水平以及实施过程进行定性和定量分析。这有助于教育者对自身教育行为的检验，激励他们提高专业性，促进教育过程的科学性，推进教育成效最大化。其次，对受教育者的评价，是衡量教育是否达到目标的标准，也是对经过教育后的大学生在网络上的思想言行进行肯定或否定的评价，并给予激励或抑制，控制大学生网络道德发展的正面走向。最后，对教育过程的评价。教育过程由教育目标、内容、方式和环境等诸多因素组成，对教育过程的评价也是对这些教育要素的评价。采用量化评价和质性评价的方法进行分析评价，发现教育过程中存在的问题并提出解决的办法，有利于推进网络道德教育实施过程更为科学和专业化。

第二，要坚持正确的评价原则。一是坚持以人为本原则。对大学生网络道德教育进行评价时，要立足于大学生的发展特性，体现主体性，把知、情、意、行等道德要素纳入评估中来。同时，不能一概而论，要注意个体的差异性，进行有差别的评价，这样才能更好地促进他们的整体全面发展。二是坚持科学可行性原则。科学和可操作性主要是从评价标准的角度来看，评价的标准和指数应该与当前的教学实际相结合，具有客观性和可测性。在保证其科学合理的基础上，选择一种简单实用的评估方法，对提升高校网络道德教育评估效果具有重要意义。三是坚持动态性原则。对大学生网络道德教育进行“动态化”评价，则要求我们不仅要认识到其存在的依据与现实，而且要把握发展的潜能与趋势。网络信息日新月异，网络道德教育也紧跟时代发展而变化，坚持动态原则有利于及时捕捉教育过程和结果存在的变化，确保评价的准确性。

第三，要运用科学的评价方法。一是定性评价与定量评价相结合。定性评价由于其较强的主观性，容易影响评价的客观程度。而定量评价指的是使用某种理性方法和数学语言，对网络道德教育方法进行分析和刻画，量化教学内容，但是将带有丰富情感的内容简单化和机械化。所以，应采取质与量的综合评估方法，以提高评价结果的科学性和可靠性。二是自评和他评相结合。将教育评价形式从单一的教育者评价转变为多元化多主体评价。不仅要开展大学生的自我评价，还要引入他人评价即教育者、学校管理者、社会团体等的评价，确保评价过程的严谨性和评价结果的真实性。三是结果评价与过程评价相结合。单纯强调成果评价会造成评价失之偏颇、停滞不前，有悖于评价的引导作用，因此应当把它与过程评估相结合。将过程评价和结果评价有机地融合在一起，可以更精确地、及时地对各阶段的评价成果做出反馈，从而让评价能够对高校网络道德教育产生积极的影响。

（三）维持网络道德教育常态化机制

作为传统的理论传播场所，课堂具有不可替代的作用。新时代大学生网络道德教育要确保思想政治理论课和网络道德专业课的常态化运行。

第一，发挥思想政治理论课的引领作用。发挥好思想政治理论课的育人功能，塑造大学生正确的世界观、人生观、价值观。要将网络道德规范科学地注入思想政治理论课堂和教材中，将相关内容添加到教材修订中。同时，深入挖掘科学性、时代性、代表性的教育资源，提升教学效果，增强教育的实效性，取得教育成果最大化。

第二，设置专业的网络道德教育常态化课程。当前我国缺乏常态化的网络道德专业课程和活动。例如清华大学作为网络道德教育走在前端的国内高校，也只在新生入校时开展了网络道德规范的培训和考试。对于专门的、系统的网络道德教育，“网络伦理”只是伦理学课程中的一节。尽管有些学校开设了《计算机文化基础知识》课程，但这一课程是以计算机基础知识为主，主要开展的是常规网络技能的教育，偶尔会穿插着关于网络安全的知识。其他形式的教育也趋向活动化、零散化，例如“网络安全宣传周教育”也仅在每年的 9 月开展，长效的教育效果并不理想。因此，要设置常态化的专业课程。明确教学任务和目标，固定网络道德教育的年度课程时数，规定每周开展的培训与网络专题讲座，提高网络道德的日常教育活动频率等。

第三，拓宽日常学习教育渠道。创新教育形式，运用大数据的优势，集中资源建设好高校的官网和官微等新媒体平台。在超星学习通、学习强国等推出网络道德的教育微课，打造品牌主题栏目，用大学生喜闻乐见的形式，以日常网络平台为载体引领良好的教育风尚。

四、凝聚大学生网络道德教育校外合力

合力是指作用在同一事物上的各个力的总和。新时代加强大学生网络道德教育仅凭借学校的教育显然是不够的，还要凝聚社会、家庭、自身等校外教育力量形成正向合力，构建多层次、科学有效的网络道德教育体系。

（一）强化社会教育

人是具有社会属性的人，社会环境对人的发展产生重要影响。社会要致力于道德教育环境的建设，建设积极向上的网络文化氛围。发挥社会教育在教育合力中的作用要从以下三个方面进行强化。

首先，优化网络治理体系。推动建设绿色有序的网络空间需要立法监督和技术管理的协同共建。一方面，要加快网络立法进程，完善有关法规。目前，网络发展很快，网络秩序不断出现新情况新问题。网络立法要与时俱进，要具有一定的前瞻性，才能有效调节网络行为，适应网络发展的需要。加大法律法规的监管力度，对网络违法和不道德行为坚决予以制裁和惩罚，使大学生网民树立起网络空间遵纪守法意识。另一方面，强化网络技术监督与管理。网络具有虚拟性、隐蔽性的特征，部分情况下单靠道德与法律的制约难以从根源上遏制互联网的不正之风，仍会有一些“漏网之鱼”，必须借助网络追踪技术对互联网进行监管。加强网络技术对各大网站的控制，既要增强互联网的防御系统，还要完善网络监测系统。

其次，坚持正确舆论导向。新时代大学生网络道德教育需要社会的关注和参与，也需要社会舆论的支持。一是坚持党管媒体原则。意识形态工作是党的一项极端重要的工作。如果没有严格把握网络舆论的立场，没有坚持马克思主义的重要指导作用，就会造成网络言论过于自由或者过于激烈，从而为国外的不良意识形态提供了机会，对大学生道德品格的塑造产生冲击。二是坚持正面宣传为主的重要方针。加强社会对网络道德教育的宣传工作，营造积极向上的网络文化氛围，坚持正确的舆论导向，不唯流量论英雄。加强网络内容建设，以健康向上、丰富多彩的并对青年学生有吸引力的内容与占领网络阵地，传播正能量信息，形成主流舆论的强大教育力量。

最后，发挥模范榜样作用。榜样的力量是无穷的，具有重要的育人作用。在当今科技飞速发展的情况下，榜样宣传教育工作也要跟上时代步伐，既要利用互联网来进行榜样典范的推广，也要将网络道德榜样模范融入互联网中去。对网络道德榜样所传达的价值观念和崇高的品德修养进行坚定的宣传，这让大学生更好地理解网络道德模范所蕴含的民族精神和时代精神，从而提升他们的网络道德意识，并自觉见贤思齐。一是构建一个有组织、

有规划的榜样宣传教育网站，系统性地整理、描绘网络道德模范的先进事迹，营造充盈着正能量的教育环境。二是运用微信公众号、朋友圈等多种传播方式，将大学生的碎片化时间充分利用起来，对网络道德典范的故事和承载的精神进行广泛的普及，使学生们对网络文明典范有更深刻的认识，从而深化网络道德教育的效果。

（二）推进家庭教育

家庭是个人道德养成的起点，家长和家庭教育具有自身独特的优势，扮演着十分重要的作用。家庭教育必须紧跟时代的步伐，发挥家庭对于培育大学生网络道德的引导和补充作用。

首先，更新教育理念，正视家庭教育的作用。在遇到因网络而产生的道德和行为问题时，家长要摆正自己的态度，不能认为网络上的道德问题与现实生活中的个人发展无关，不加以重视和处理，就会导致家庭教育的缺失。家长要立足于网络广泛应用的趋势，顺应新时代发展的要求，逐步完善家庭教育内容和目标，补充学校教育所缺失的部分。家长了解大学生的个性特点和网络使用喜好，根据特点开展个性化和特殊化教育，提出针对性的道德要求。例如，端正网络使用动机，不沉迷于网络游戏，不造谣不传谣，严格规范自身网络行为。

其次，以身作则，营造良好家风。家长和家庭的言传身教对大学生的成长具有重要意义。家长不仅要当网络道德的观念传播者，也要做行为示范者。要充分意识到自己在家庭生活中要起积极引导作用，努力创造一个和谐的家庭氛围，充分利用优良家风来涵养大学生网络道德。目前，网络环境越来越错综复杂，网络失范行为层出叠现，家长要跟上时代步伐，持续地对网络道德的有关内容进行学习，从而提高自己的网络素质。在对自己的行为进行严格规范的过程中，还可以帮助自己的子女养成良好的网络道德习惯，持续地提升网络道德认知水平，对大学生的网络信息的甄别和选择能力进行培养。在日常生活中，家长也应该严格要求自己，以身作则遵守网络道德规范，为大学生树立行为榜样示范，营造良好的家风和德育环境。

最后，加强家庭监督管理意识。家庭可以从经济和时间两个角度来进行监管。经济管理角度，就是要严格控制大学生在网上的支出，降低他们在网上的非必需消费，禁止网上游戏充值和主播打赏，严格控制网络购物和透支消费。从经济上杜绝网络道德失范，大学生保持理性，不会为网络购物疯狂时，网络行为便会相对规范，那么其网络道德意识也会得到提升。从时间管理角度，就是对大学生的网络行为进行监测，监督其有违道德的网络言行，防止大学生进行网络赌博，把控网络游戏、短视频、直播的时间和频率，减少沉迷网络时间，从根本上保证网络道德教育的效果。

（三）激发自我教育

大学生网络道德的自我教育是一种积极主动的行为模式，是保障网络道德教育成效的内在动力，能够推动大学生实现网络道德的知行合一。

1. 格物致知，完善网络道德认知

网络道德认知是大学生网络道德自觉生成的内部条件之一，也是其发挥作用的重要前提，包括网络道德自我的认知、网络道德现象的认知以及网络道德规范的认同。“致知在格物，物格而后知至”，要想丰富自我认知，催生网络道德自觉，大学生还需自主学习“格物致知”之法。“格物”是指深入钻研万事万物及其规律，“致知”是指获得知识，这里的知识既包含外界知识，也包含个体内部知识。运用格物致知，就要求大学生通过钻研外界客观事物及规则来完善网络道德认知，主要表现为以下三方面。

第一，通过格物致知完善自我认知。一方面，大学生须得展开自我观察。既要观察自己在网络中的语言特征，又要观察自己在面对网络现象时的立场观点，判断自身哪些特质是虚拟的，哪些是真实的，进而生成全面的网络自我形象。另一方面，大学生须得进行自我评价。自我评价要求大学生以社会主义核心价值观为准则，对自己的虚拟人格进行评判，判断哪些是善，哪些是恶，从而找出自身网络道德不足，完善网络自我认知。

第二，通过格物致知完善现象认知。大学生应该对网络现象的本质及规律进行钻研，获得关于现象本质的认知。首先，大学生须知道网络现象复杂性的具体表现。网络现象的形成是多方因素共同影响而导致的结果，其复杂性主要表现在参与者的行为上，有的过度焦虑，有的过度放松。只有认清网络现象的具体表现，大学生才能定位自身所处的网络环境。其次，大学生须认识网络现象可能产生的消极影响。现象的成因复杂、表现复杂，往往就预示着它的不可控，这种不可控往往会给社会及个体带来不可估量的消极影响。例如网络“道德审判”现象，起初它是网民们对某一恶性事件或个体不当行为的批判、指责，是人们正义感的体现，但随着人们行为的泛化，最后演变为了对所有网络个体及网络事件进行口诛笔伐的恶性现象。这种演变结果是出人意料的，大学生只有完善网络现象认知，才能在网络风潮前保持警惕，谨慎发言。

第三，通过格物致知提升规范认同。大学生应该主动对网络道德规范进行认知，培养自己的规范认同感，这能帮助大学生提高社会责任感和自我网络道德修养。一方面，大学生必须认识到网络道德规范对于大学生行为的约束价值。网络道德规范是网络道德原则的具体化，对行为的约束力度远大于道德原则，同时，它又以大学生网络道德的提升为目标，其具体内容是与大学生行为相关的，是大学生使用网络的具体道德要求和行为指引；另一方面，大学生必须认识到网络道德规范对于网络秩序稳定的价值。网络道德规范以大学生网络行为为中介，作用于网络社会秩序。它在一定程度上有助于加深大学生的社会认同感，实现大学生网络行为与网络道德要求同步，进而稳定网络秩序。大学生只有实现规范的主动内化、认同网络道德规范的价值，才能完善网络认知、助力网络道德自发、生成网络道德自觉。

2. 知耻知贵，把控网络道德情感

网络道德情感是大学生网络道德自觉生成的助推力、催化剂，它的正确激化、合理引

导有利于大学生网络道德自觉的提升及网络道德职责的履行。大学生的网络道德情感包括网络羞耻感、网络责任感、网络正义感和网络移情。其中，网络羞耻感是其关键构成，正如宋人范浚所说："夫耻，入道之端也"，其他情感成分受到羞耻感的引领，拥有羞耻之心，人们才会自觉地践履网络道德责任、与人共情、维护网络正义。当下网络空间中大学生道德情感淡漠，究其根本是网络羞耻感的匮乏。因此，大学生应以"知耻知贵"为方法，激发自我网络羞耻感，用以引领网络责任感、正义感和移情力的提升。

第一是知耻。"知耻"一方面是指大学生应该明白何为"耻"。正如朱熹所说的"耻于不善"，"不善"即为"耻"，"善"与"不善"的评判标准往往与当下社会的主流观念相挂钩，而今我们倡导社会主义核心价值观，因此，与之相符者即为"善"，与之相悖者即为"耻"。尤其是当大学生身处网络空间时，他们必须时刻谨记何为"耻"，只有明确了什么样的行为是他们应感到羞耻的行为，才能有效阻止失范行为。另一方面，"知耻"是指大学生应拥有耻感意识。耻感意识的激发可以通过"德比于上"来达成，傅玄说"德比于上，故知耻"（《傅子·仁论》），意指人要从与自己、与他人的比较之中发掘自身不足，激发羞耻感。大学生可以将当下的我与理想自我进行比较，从而产生欠缺感，激发耻感意识，除此以外，还可以将自己与他人相较，即孔子所说的"择其善者而从之"，观察网络空间中道德榜样、道德模范的言行，发掘自身不足，激发羞耻感。

第二是知贵。"知贵"是指大学生要知道自己作为人的高贵之处，如舍勒所说"生命朦胧地感觉和意识到自己越高贵，它的羞感就越强烈"①。简单来说，"知贵"也就是要培养自己的自尊心，自尊心越强的大学生对自我行为的约束力度就越大，他们不容许自己与不良风气"同流合污"。因此，大学生应该有意识地培养自己的自尊感，提升自尊感，以此来激发自身的网络羞耻感，养成网络道德自觉。

3. 反躬自省，坚定网络道德意志

网络道德意志是介于情感与行为之间的能力，主要帮助大学生消化情绪体验，坚定价值取向，进而体现于行为之上，是大学生将内心道德准则外显于行为的毅力支撑，有利于大学生网络道德自觉的切实践行。它主要包括大学生的网络道德动机、网络道德信念及网络行为毅力三部分。当下网络空间中的不良价值取向动摇着大学生的网络道德意志，阻碍其网络道德自觉的生成，对此，大学生应当坚持反躬自省，以自省为手段端正网络道德动机，以自持为手段坚定网络道德信念、坚守网络行为毅力。

第一是自省。"君子求诸己，小人求诸人"，大学生应当以自我反省为手段端正网络行为动机。首先，大学生要判断自我动机与自身意愿的一致性。也就是说大学生的网络道德动机必须是符合大学生自我的行为意愿的，是他们自主内发的，而不是一味地被外部规范要求的产物。其次，大学生要以网络道德规范为标准端正动机。网络道德动机与网络道德规范是相符合的，它是大学生将外部规范内化为自身道德律令后的产物。因此，大学生必

① 马克斯·舍勒．舍勒选集（上）［M］．上海：上海三联出版社，1999：569.

须以网络道德规范为依据对自己的行为动机进行反思，排除网络群体从众心理、激愤情绪的干扰，用规范来端正动机、端正自我。

第二是自持。自持即自我调节、自我控制，网络道德信念和行为毅力具有高度的自觉性，它能驱使大学生在紧急情况下做出无意识的、与规范相符的行为选择，对于大学生施展网络道德行为而言具有重要作用。首先，大学生要明确当下时代应遵从的网络道德信念。不同时期的道德信念是不同的，比如古代时，人们秉持“忠君爱国”的理想信念，而当下大学生所必须秉持的是共产主义理想信念、道德信念。同时，大学生还需认识到网络道德信念的内容是随着时代的变化而增加的，如“抗疫精神”“航天精神”，这些都是值得我们学习并坚守的中国精神。其次，大学生必须坚守行为毅力，拒斥网络风潮的侵染。仅是认识网络道德信念的内容是不够的，还必须坚守自持。网络空间中从众现象比比皆是，群体观点的一致性必然对个体产生一定的心理压力，大学生要想坚持自我，就必须抵御住群体压力的干扰，始终以网络道德信念为准施展网络行为。

4. 躬体力行，践履网络道德行为

网络道德行为的践履是大学生施展网络道德自觉的最终一环，因此，大学生要想自生自成网络道德自觉，就必须做到躬体力行，将网络道德付诸实践。

第一，大学生应做到知行合一，将网络道德付诸实践。知行合一是指大学生以认知为基础开展实践。首先，大学生必须知而必行。也就是说大学生在形成了一定的网络道德认知之后，定然要将所获得的认知付诸行为实践，在实践中去检验认知的真理性。其次，大学生必须做到行必倚知。也就是说大学生网络行为的依据必然是其网络道德认知的内容，对于违背网络道德认知的失范行为及不良风气，要坚决抵制，拒斥网络上消极价值取向的干扰。最后，大学生要从自身做起、从小事做起，将网络道德规范落实到行为的方方面面，积极参与网络道德实践，丰富自身的网络道德体验。

第二，大学生应做到由行反知，提炼网络道德体验。网络道德体验的内容必然是丰富的，最重要的是大学生要学会对体验进行总结、思考与提炼。一方面用来反思自我不足，判断自我行为是否与自身网络道德认知及网络道德要求相吻合，进而根据实践效果进一步完善自我网络道德认知；另一方面用来积累实践经验，从而找出最快速、最简便的办法来践行网络道德要求，完善关于网络实践方法的认知。

第二，大学生应该秉持恒心，养成网络道德习惯。网络道德习惯的形成是大学生内部强化的结果。大学生必须从网络道德体验中汲取积极的情绪体验，并在网络道德意志的控制下对积极情绪体验进行强化，从而促使自己持续性地开展网络道德实践，在实践中养成良好习惯。

第六章　新时代大学生自我教育优化

自我教育是相对于外部教育而言的，是基于大学生自我完善、自我发展的主动性和主体性而形成的教育，是学校教育、社会教育等外部教育的重要补充，能够在外部教育进行之前和进行的同时，更好地激发大学生学习和发展的积极性，也为外部教育提供了良好的教育主体的基础。

第一节　新时代大学生自我教育的理论阐释

一、新时代大学生自我教育的意蕴

自我教育，这一教育形式有着古老的历史和传承，要全面地认识什么是自我教育，对其意蕴进行深入的研究，必须基于“自我”的概念，从多个学科视野把握“自我”，进而更好地理解自我教育的真正意蕴所在。

（一）自我的意蕴

自我是一个汉语词语，在汉语词典中的意思有四重：其一是用于指代自己；其二则是用于指自己对自己；其三是指自己肯定自己；其四则是指相偶、相依。对自我一词意蕴的讨论起源于字面，但是却不能停留于字面，要深入哲学以及教育等学科中去进行具体的分析。

1. 哲学的自我

在漫长的哲学发展史中，自我一直以来都是同“宇宙”“真理”相提并论的永恒命题，而针对自我，存在无数种观点，本文仅以马克思主义哲学中关于自我的观点为讨论对象。马克思主义哲学批判继承了黑格尔哲学的辩证法思想和费尔巴哈哲学的唯物论思想，把自我从清高孤傲的哲学中抽取出来，放到了人与人的交往和沟通中，认为自我是在人际关系的互动中形成的。然而在人类的全部实践活动中，劳动生产实践对人的发展起着决定性的作用，因而马克思主义哲学强调，要正视劳动生产实践中所产生的劳动关系，将“自我”的个人主体转变为阶级的主体，才能克服人的自我在资本主义生产关系下的异化。

2. 教育的自我

教育学作为一门和哲学同样古老的学科，其将自我视为人类社会发展到一定阶段的产物，教育学将人视为社会的人，自我是教育的对象，自我的发展则是教育的价值追求。从

古希腊城邦至今，理想的教育模式在不断发展，最新的表现形式就是在尊重学生自我个性的基础上促进学生的发展。

（二）自我教育的意蕴

自我教育是教育的一个过程和活动，是指受教育者自我基于一定的世界观和方法论的指导，自发去认识主观世界同时对自我进行教育的教育活动过程；也有学者认为自我教育是一种区别于学校教育等外部教育而言的教育形式和方法，即受教育者本身根据相应教育目标和社会发展需求对自我成长进行指导、修正和改进的重要教育方法和教育形式。

二、新时代大学生自我教育的发生过程

大学生自我教育是一个动态的复杂结构，相比于外部教育，自我教育更加强调作为教育主体的大学生对自我进行教育，要求大学生对自我有着良好的认知与把握，这是自我教育的重要基础；要求教育主体在自我认知的基础上，开展主动且自发的自我学习而不是接受单向的理论灌输，这是自我教育的核心；要求教育主体在掌握自我学习所获得的理论的基础上，开展形式多样、内容丰富的自我实践，将理论同实践相结合，这是自我教育的根本所在；要求教育主体在自我学习和自我实践之后，根据学习和实践情况开展自我评估，进而更好地改善自我教育的前三个部分，而这是自我教育的重要支点。

（一）自我认知——新时代大学生自我教育的基础

自我认知其实是自我意识的一部分，是随着人的成长不断发展和形成的，其源于个体对外界环境刺激后，经由已有记忆和经验所产生的反应。如果从心理学的视角下去分析自我认知，那么自我认知主要是聚焦于“我是谁”或者说“我是怎样的人”，当个体的记忆和经验发展到一定的程度之后，个体意识就会完全成型，并且在成型过程中不断进行自我认识，从记忆和经验的多个层面来把握自己。心理学把个体区分为个人肌体行为和心理行为的差异是自我心理认知的开始，同时心理学也认为认识自我，实事求是地评价自己，是自我调节和人格完善的重要前提。自我认知是新时代大学生自我教育的基础，也蕴含着大学生自我教育的充沛活力，能够激发出大学生自我教育的强烈愿望。自我认知是大学生作为教育的主体对自我进行评估和认识的过程，只有通过正确的自我认知，才能在过程中找出自身的缺陷和不足，进而对标教育目标进行查漏补缺，同时自我认知可以让大学生在把握自我中找到与同辈人、与社会发展要求不适应和不匹配的地方，进而产生出自我教育的强烈主观愿望，激发出大学生进行自我学习和自我实践的强烈动力。

（二）自我学习——新时代大学生自我教育的核心

自我学习是新时代大学生自我教育的核心。自我学习应当是建立在学校学习的基础上的。只有在学校学习中获取了足够开展自我学习的理论基础和知识储备，大学生才能在自我学习中，进行思想道德的修养和价值观的正确塑造。对于大学生本身而言，自我学习有着其特殊的作用。自我学习的动力源于自我认知产生的大学生完善自我的强烈主观愿望，

因而其可以更好地提升自我教育者——也就是大学生对自我的认知水平，通过学习更好地从理论层面而不是经验层面去认知自我，而理论经由自我学习，也可以为自我认知提供理论的指导。

自我学习的形式同其作用一样，并非单一的，而是多样化的。个体在自我认知所产生的学习愿望与动力的推动下进行的学习是自我学习的一种，个体在小组或团体活动中，被同辈所影响而产生的追求进步、渴望发展的动力推动下进行的学习，同样是自我学习的一种，自我学习应当是具有广泛的兼容性的，而不应故步自封，停滞在“一个人枯坐自习室进行学习”的层面。

自我学习是新时代大学生自我教育的核心，没有自我学习并通过自我学习对大学生的主观世界进行改造，那么自我认知所产生的完善自我的愿望和动力就成了无用之物。同样，没有自我学习对基础理论和知识进行储备，在自我学习之后的自我实践就没有正确的理论来进行指导，进而只能在黑暗中摸索前行，完全没有方向感。可见，自我学习一头连接着自我认知，一头连接着自我实践，是自我教育不可或缺的核心。

（三）自我实践——新时代大学生自我教育的路径

自我实践是新时代大学生自我教育的路径。关于实践，马克思主义有过许多相关的理论和观点，从实践的定义、构成要素到实践的作用，都有着详细的论述。其中马克思多次强调了实践与理论的关系，特别是在马克思主义哲学中，辩证唯物主义强调“实践是理论的来源，理论指导实践”；“实践是检验真理的唯一标准，理论学习的最终目的也是实践需要”。因此，新时代大学生自我教育，不管是通过自我认知对自己有着清晰准确的认识也好，还是通过自我学习储备必要的基础理论和知识也罢，最终还是要将认知和理论，应用到实践中，并且在自发的实践中去不断检验理论和认知，通过自我实践来推动理论的创新、认知的发展。自我实践的重要性和必要性集中体现在以下三个方面。

其一，自我实践是新时代大学生自我教育的重要路径。在马克思看来，正是社会实践的发展，才推动了人的思维能力的发展，而实践活动，不仅是人们改造客观世界的活动，更是人们改造主观世界的活动。而与自我学习对主观世界的改造不同的是，自我实践对主观世界的改造，是建立在主观世界与客观世界的交互的基础上的，自我学习的理论成果，最终要应用到自我实践中去，通过运用理论知识改造客观世界，才能更好地理解和掌握理论知识，并对主观世界形成反馈，从而对主观世界进行改造。新时代大学生自我教育，要求大学生在自发的实践中做到知行合一、不断创新。《礼记·中庸》就论述了“博学之，审问之，慎思之，明辨之，笃行之”的学习—实践的具体过程要求。中国特色社会主义新时代，大学生的自我教育同样要做到以问题为导向，以完善自我为动力，在实践中不断接受磨炼，真正达到教育自我的目标。

其二，自我实践是马克思主义理论联系实际的必然要求。马克思、恩格斯及其之后的马克思主义者都多次强调，理论是行动的指南，而非是教徒信奉的原教旨。新时代大学生的自我教育同样如此，自我学习所获得和储备的基础知识理论，是指引大学生进行实践的

重要指南，其作用在于指导实践、在于与实践相结合、在于在实践基础上推动自身的创新，而非取代实践。学习最根本的目的，还是在于运用于实践，并且在学习获取到的理论知识的基础上，通过实践的摸索和检验，去掌握更深层次的马克思主义理论，运用马克思主义基本立场、观点和方法去认识世界和改造世界。

其三，自我实践是提升新时代大学生理论素养的重要途径。自我实践对于新时代大学生自我教育的重要性和必要性还体现在，自我实践是新时代大学生养成良好行为规范、提升理论素养、培养道德品行的重要途径。学习的目的是实践，而实践反过来又能指导学习的继续完善和发展。而一切行为习惯的养成都源于在实践中的不断坚持和探索；一切道德品行的培养，不能只靠教书先生的三寸不烂之舌；一切理论素养的提升，既源于理论的学习，也源于理论应用于实践的检验。

在自我认知的基础上，以自我学习储备的基础理论知识为指导，开展形式多样内容丰富的自我实践，是新时代大学生自我教育的根本，唯有通过实践，才能在改造客观世界的同时对主观世界进行改造，进而达成自我教育的目标。

（四）自我评价——新时代大学生自我教育的支点

“支点”一概念被广泛地应用于许多领域。所谓支点，在杠杆原理中，支点是指支撑于他物固定不动的一点。在其他领域中，支点是指事物的中心或关键点。将这一观点推之于自我教育，则是指在自我教育发展或进行过程中，支撑自我教育方向和目标保持不变的关键环节，在经历了自我学习和自我实践之后，新时代大学生自我教育进入了支撑其发展的重要环节，即“自我评价。”

自我评价是自我意识的一种形式。是主体对自己思想、愿望、行为和个性特点的判断和评价。在教育学和心理学的领域，儿童把自己当作认识主体从客体中区分出来，开始理解我与物和非我关系后，通过别人对自己评价和对别人言行评价的过程，逐渐学会自我评价。

自我评价是新时代大学生自我教育发展的客观需求。辩证地进行自我评价，总结自我学习和自我实践的经验与教训，是自我教育发生过程中的最后一个环节，也是自我教育的支点。自我教育进行到自我评价的环节，并不意味着自我教育的完成，自我教育是螺旋式的上升和波浪式前进的过程，其发展是循环往复的，自我教育的目标是否达成，其目的是否达到，需要教育主体通过自我评价来进行科学的评估，这一环节是自我教育过程的内在要求和重要环节，也是自我教育发展的重要指标，同时更是新时代大学生自我教育发展的客观需求。唯有进行科学的自我评价，才能更好地进行下一循环的自我教育，进而更好地促进自我教育的发展。

自我评价是深化大学生自我认知的必然要求。自我评价是教育主体对自身状况及其与外部世界关系做出的评估和价值判断，同时也是教育主体对自我的再认识，这样的认识是建立在经过自我学习和自我实践之后获得了新的理论知识、养成了新的行为规范、形成了新的道德品行的基础上的，同自我认知存在着一定的差距，而这样的差距，则是对自我认知的一种深化，是自我认知的再发展。通过自我评价，对学习和实践的过程进行回顾，从新的层面上，以更加宏大的格局和更高的理论高度去总结，发现不足、发现成长，进而形成对自我的全新认知，这样就与下一阶段自我教育的自我认知紧密联系起来，为下一阶段的自我教育奠定重要的基础。

新时代大学生自我教育本质上是在中国特色社会主义新时代的宏大时代背景下，大学生以马克思主义基本理论和中国特色社会主义理论体系为指导，以完善自我为动力，以实现自我全面发展为目标，以科学的自我认知为基础，以自我学习和自我实践为主线和主要内容，以自我评价为反馈和调节手段，所进行的自发性教育。大学生自我教育理论可溯源至中国古代和西方古代及近现代教育思想中关于自我教育、自我管理、自我发展的相关理论，并且在马克思主义关于人的全面发展和内外因理论的影响下得到与时俱进的发展。马克思明确指出，“人的本质不是单个人所固有的抽象物，在其现实性上，它是一切社会关系的总和”①。自我教育虽然是新时代大学生自发进行的教育，但是其发展离不开社会，也离不开时代，因而对于大学生自我教育优化的研究，仍旧要放到社会的层面，放到时代的层面，以一个较高的高度，去把握自我教育，从多个维度去探寻自我教育的优化路径。

三、新时代大学生自我教育的理论渊源

自我教育作为一种教育形式和教育方法，早在数千年前的东西方学界的教育研究中就已涉及，经过数个时代的不断发展而日益成熟。要对大学生自我教育做一个系统性的研究，就必须对自我教育的理论基础及借鉴进行探究，厘清其理论传承，从多个视角和层面对自我教育这一问题进行分析，为大学生自我教育优化研究提供坚实基础。

（一）理论基础：马克思主义关于自我教育的相关思想

在马克思及恩格斯的相关著作中虽然没有明确提出自我教育这一概念，但是在其关于教育的重要论述和思想中却有着丰富的关于自我教育的相关分析和论证，而后世的许多马克思主义者也是在这些分析论证的基础上提出了自己的关于自我教育的思想和观点。教育与自我教育的关系，牵涉到马克思主义哲学中内因与外因辩证关系的原理，同时，马克思主义哲学也充分论证了人的主体性的问题，此外，在关于实现人的自由全面发展的相关理论中，也对人的自我教育有所体现。

首先，在马克思主义哲学中，“内因是指事物运动、变化、发展的内部原因，即事物自身的矛盾”，而“外因则是指事物和其他事物的外部联系和外部矛盾”，内因决定事物发展的根本方向，外因则是通过内因来发挥作用，内因和外因之间存在着相辅相成、辩证统一的关系。必须认识到，自我教育是受教育者自发进行的，是由内而外的，是事物内部因素（内部矛盾）作用的结果。那么由此，我们可以得出，受教育者作为一个个体，其成长发展首先取决于其主观上的意识和努力，具体而言，则是取决于人的主体性或主观能动

① 马克思，恩格斯.《马克思恩格斯文集》第1卷［M］. 北京：人民出版社，2009.

性，即使是外界的相关因素，如社会的发展需求、父母的期望等，都需要先调动受教育者的主观能动性，才能发挥其推动受教育者成长发展的作用。

其次，在马克思主义中，人的主体性问题也是马克思极为关注的问题，其强调了人的主体性目的在于充分发挥人的主观能动性，而受教育者的自我教育主要取决于人的主体性和主观能动性是否得到有效发挥。辩证唯物主义哲学认为，人是具有自我意识和实践能力的主体："主体性是人的内在规定性"，因而自我教育的实效性，取决于主体性的发挥程度，取决于主观能动性的动员程度。因此，对新时代大学生自我教育进行优化时，一定要找准目标，深刻把握马克思主义关于人的主体性思想，充分发挥和调动大学生的主体性。需要注意的是，在马克思关于人的主体性思想的重要内容中，还包含着实现人的自由全面发展的相关观点。马克思认为，人的自由全面发展包含着人的活动的全面发展、人的社会关系的全面发展、人的素质的全面提高、人的个性的全面发展、人类的全面发展五个方面。在马克思之后，苏联的教育界在马克思相关论述的基础上，针对自我教育提出了更为符合具体实际的相关论述和方法。苏联教育界中以大教育家苏霍姆林斯基为例，其在著作《怎样培养真正的人》一书中，从多个方面分别阐述了青少年群体进行自我教育的重要内涵和内容。此外，作为教育学家，苏霍姆林斯基向教师提出："只有能够激发学生进行自我教育的教育，才是真正的教育。"① 再一次强调了自我教育的重要性。而在相关研究中，他把握了马克思主义关于人的本质的思想，强调自我教育不仅要从道德品行的层面去进行，更要从人类的根本性和人的本质这一深层次去进行，而且在自我教育中，情感是极为重要的一个组成部分，没有情感的参与"教育者所解释的真理无法被少年接受"。苏霍姆林斯基的这一思想包含着这位苏联大教育家在马克思主义哲学的基础上，对人的主体性和教育本质的深刻把握，更体现了他积极探索人自由全面发展的重要成果。

（二）理论传承：中国古代关于自我教育的相关思想

自我教育自古以来一直是中国传统教育思想的重要内容，自先秦至晚清，针对自我教育，各个学派、各种思想先后涌现，成为新时代大学生自我教育理论的宝贵资源。

先秦时期，孔子立私学，在一定程度上打破了夏商以来"学在官府"的教育官方垄断局面，而后百家争鸣，更是把教育普及（争夺学术话语权）视为了自家学派的重要发展目标。在先秦诸子百家的理论中，除了其政治抱负以外，也有许多关于教育与自我教育的重要理论。以诸子百家中最重视教育的儒家为例，儒家向来强调受教育者的自我修养与自我教育，而儒家中以孔子和孟子为代表人物。孔子在《论语》中多处提到了自我教育的理论，其以"三人行必有我师，择其善者而从之"，要求学生要"择善而从"，"择"和"从"都对自我教育的自发性作了强调，也强调了学生要主动地去学习，意即自我学习的重要性。而除论语之外，"君子必慎其独"也分别在《礼记·中庸》和《礼记·大学》中各出现了一次，是儒家学派重要的道德观念和自我修养方法之一，强调了君子在独处时也

---

① 苏霍姆林斯基．给教师的建议［M］．杜殿坤，译．北京：教育教学出版社，1984：24.

应保持谨慎和慎重，也是对自我进行要求和评价，主要表现出儒家早期对于理想人格“贤人”“君子”等的追求，对于新时代大学生自我教育而言，儒家所塑造的“贤人”“君子”等理想人格，仍旧是大学生应借鉴和追求的自我全面发展的重要目标，理想人格的塑造对于大学生不断强化自我修养有着极其重要的推动作用。在孔子之后，孟子也对自我教育（自我修养）提出了新的见解，其认为道德品行和修养应该要依靠“自得”①，孟子在《孟子·离娄下》中论述道“君子深造之以道，欲其自得之也”，就是在强调君子遵循一定的方法来加深造诣，是希望自己有所收获。这样自发地遵循一定方法，给自己设定一定目标来加强修养，就是很明显的自我教育的重要表现，在方法论层面完善了儒家对于自我教育自我修养的内容和理论体系。

先秦时期，在儒家之外，以“清静无为”为核心的道家有着一套特殊的自我教育的方法和理论体系。无为而治这一观点从表面上看来是道家学派的顶层设计和政治蓝图，实则是道家学派针对自我修养提出的一种系统的理论。老子在旷世巨著《道德经》中曾言有“致虚极，守静笃”，其中“致虚”就是使得内心无所欲望和妄念，破除世俗欲望带来的妄思，使得内心达到澄澈空明的境界，而“守静”则是保持这样澄澈空明的境界，强调的是“静”。老子针对“守静”，提出了“静观玄览”的具体方法，要求个体要保持内心的澄净，观察世间万物，突出一个“静”字，不干涉外物，在静中了解自我，这是对自我认识的方法之一。在老子之后，与老子并称“老庄”的庄子则在其著作《庄子·人世间》中总结提炼出了“坐忘心斋”的自我修养的观点和方法，强调坐而忘，以致心斋。道家无论是黄老学派还是老庄学派，都对如何追求“真人”这一理想化的人格进行了详细的论述，都对世界观和方法论两个层面的具体路径进行了探索，对于新时代的大学生而言，向外求知识，向内求本我，于动静变换之中，能够保持澄澈空明的心理环境，更加深刻地把握自己的真正想法，对自我教育有着极其重要的作用。

在儒家与道家之外，墨家的墨子提出“兼相爱，交相利”的修身方法与原则，更加注重道德修养的实践，又提出“尚利”“非命”的观点，强调以身作则，在艰苦环境中自我磨砺道德品质和修养。而战国时期大行其道的法家坚持了绝对的“性恶论”，片面注重和主张教育上的严刑峻法，完全忽视了人的主观能动性和自我教育的自发性，这是一个值得反思的理论。新时代大学生自我教育对于这两种理论应坚持辩证的观点去看待，特别是法家的性恶论，要批判继承，合理利用惩戒措施来逐步建立自律性，从而更好地实现自我教育的目标。

两汉至魏晋南北朝时期，在治乱交替之下，涌现了一大批对自我教育和自我修养有所认识的教育家，其中以颜之推、王褒等为代表，特别是颜之推，在继承先秦道家“以有涯之生，求无涯之知”的基础上，提出了通过终身学习、终身教育，不断提高自身精神境界的观点，在其家训中，强调了要“志于学”“志于行”，同现代自我教育更加强调学习的

① 杨伯峻．孟子译注［M］．北京：中华书局，2008.

主动性有着异曲同工之妙。

明清时期，在孔孟之后，实现立德、立言、立功三不朽的王阳明，也对自我修养提出了与前人不同的观点，其提出“知行合一，致良知”[①]，强调了理论与实践的统一，这一观点在一定程度上对道德品行和道德意识的自觉性与实践性的关系进行了深化，而这样的观点，为优化新时代大学生自我教育提供了有力的理论支撑和依据。

（三）理论借鉴：西方国家关于大学生自我教育的相关思想

西方对于自我教育的思想、理论和方法由来已久，最早可以上溯至古希腊罗马时代的苏格拉底等大哲学家，其在古希腊哲学的基础上，提出针对人的教育及自我教育的理论雏形，为后来人所继承，并在时代更迭中不断注入新的时代内涵，从而为西方关于自我教育理论的形成和发展奠定了坚实的基础。

早在古希腊时期，苏格拉底就格外注重教育的方式方法。苏格拉底认为，真正的认知来自内心，而不是靠别人传授，唯有自己内心产生的认知，才算真正拥有了知识和智慧。与同时期其他希腊学者教育学生的方法不同的是，苏格拉底更倾向于使用“启发式”的教育方法。在其他学者单向地向学生灌输知识的时候，苏格拉底将教育的主体让位于学生，把自己视为教育的引导者而非教育的主导者，其以学生为主体，注重调动学生作为教育主体的主动性和积极性，通过自己的引导来激发学生独立思考的能力和动力。苏格拉底认为，知识先天存在于人的脑海或意识中，而教师的作用不是从外到内地向学生灌输知识，而是作为一个产婆，启发学生把这些知识发掘出来，这一方法被后世形象地称呼为“产婆术”，而苏格拉底也被赞誉为“知识的产婆”。特别是其“启发式”的教学模式，不管是在专业知识教学中还是在提高学生的思想道德修养中，都能够对传统的理论灌输教学方法起到很好的补充作用，能够在学生的品行塑造中发挥更强的作用。

在古希腊的繁盛之后，西方经历了黑暗笼罩的中世纪，直到文艺复兴，关于教育和自我教育的思想才得到了又一次的发展，以文艺复兴时期英国伟大的空想社会主义先驱和人文主义思想家托马斯·莫尔为例，其著作《乌托邦》（全称为《关于最完美的国家制度和乌托邦新岛的既有益又有趣的金书》）虽然从题目看是一本关于国家制度的政治类书籍，但是在全书中托马斯·莫尔却以大量的笔墨为其教育思想描绘了清晰可见的蓝图。其教育思想主要认为：首先，人应该做到全面发展，而教育的最终目的就是要促进人的全面和谐发展；其次，在人的全面发展中，道德的发展应该居于首位；最后，脑力劳动要与体力劳动广泛结合，在两者结合的基础上，广泛地激发受教育者自学自研的热情。托马斯·莫尔的全面发展思想对马克思主义关于人的全面发展的思想有着深远的影响。而他关于脑力劳动要与体力劳动广泛结合，在实践的基础上破除二者对立，在实践中应用理论、改进理论，也被马克思主义批判继承。对于新时代大学生自我教育而言，托马斯·莫尔关于“激发自学兴趣的思想”是优化新时代大学生自我教育需要着重把握的一个点，唯有激发出大学生自学

① 陈荣捷．王阳明《传习录》详注集评［M］．重庆：重庆出版社，2017.

自研的热情和兴趣，才能够从主观层面去更好地推动和落实新时代大学生的自我教育。

在托马斯·莫尔之后，英国著名资产阶级教育家约翰·洛克也在前人研究的基础上，提出了关于自我教育新的观点，其教育主张认为，教育不只在于向学生传授知识，更要通过教育发展学生的独立思维，激发学生学习的主动性，注意学生的兴趣，同时也要照顾学生的实际能力。主张多鼓励，多诱导，从而在授课时集中和保持学生的注意力，而不是惩戒性的教育。对学生的好奇心，不能因为幼稚、不符合生活实际而去嘲笑他们，而应该用多种办法，去引导他们自发地去找到正确的答案。其认为德育的主要任务在于“培养性格、锻炼意识、养成高尚的道德和严守纪律的习惯”。而对于智育，洛克极其反对死记硬背，提倡要培养学生的逻辑思维能力。他认为，教师的职责，并不在于“要把世上可以知道的东西全都教给学生”，而在于“使得学生爱好知识，尊重知识”，“采用正当的方法去求知”。如果说托马斯·莫尔关注的是激发学生自学的兴趣，从而去推动自我教育的落实，那么约翰·洛克则是聚焦于自我教育的教育任务和教育模式。在约翰·洛克之前，西方教育界更关注课程设置、教学方法等，自约翰·洛克起，则是关注教学的模式，其教育思想更多在于推动学生的道德塑造和习惯养成，与新时代大学生自我教育的焦点不谋而合，在脱离了知识传授的层面之后，德育的目标更加聚焦、其作用和实效也更加明显。

从古希腊时期的苏格拉底等哲学家，到文艺复兴时期的托马斯·莫尔，再到启蒙运动时期的约翰·洛克，除了他们之外，提出教育自觉性原则的大教育家夸美纽斯；强调主观能动性，利用原有的学习材料，学习者自发通过意义建构的方式获得新知识的建构主义学派；认为决定学习的因素，不是外部因素（如个体生理成熟），而是个体与环境的交互作用的皮亚杰等。他们都对自我教育提出了自己的观点和独特理论，为西方自我教育的研究作出了杰出的贡献，同时西方关于自我教育的思想和理论中，也有许多部分被马克思主义继承和发展下来，其中有很多值得参考和借鉴，充分把握西方关于“人”的研究理论，更好地从学生层面去优化新时代大学生自我教育。

第二节　新时代大学生自我教育的行为养成

随着经济全球化，文化多元化，社会信息化的不断深入，教育理念、教育模式和教育思想不断与时俱进，在教育体系改革不断深入的当代，作为教育改革的重要组成，自我教育的优化同样面临着新时代高速发展所带来的种种挑战和机遇，需要注意的是，新时代大学生自我教育在取得种种成效的同时，也存在一些不足，需要根据大学生成长发展规律和社会发展规律，在全面理解新时代大学生自我教育现状、把握其原因的基础上，寻求新时代大学生自我教育优化的新思路，按照坚持党的领导、掌握科学理论、把握时代特征、立足自我需求的基本遵循；准确定位新时代大学生自我教育优化重要目标，做到回归教育初心、重拾教育目的、提高教育实效；从自我认知、自我学习、自我实践、自我评价着手，优化大学生自我教育。

一、新时代大学生自我教育优化的基本遵循

对新时代大学生自我教育进行优化研究，必须对新时代大学生自我教育优化的基本遵循有所认知。优化大学生自我教育、把握和发展大学生自我教育首先要坚持党对大学生自我教育的坚强领导，以政治性保障大学生自我教育的方向性；其次要掌握科学理论，从多个角度认识大学生全面发展的规律性；再次要把握时代脉动、把握时代特色，进而激发大学生自我教育创新性；最后要立足大学生需求，本着以大学生为本的理念，增强大学生自我教育的积极性。

（一）坚持党的领导，把握新时代大学生自我教育方向性

坚持党对新时代大学生自我教育的领导，就要坚持大学生自我教育以党的理论为指导，即提高党的理论对大学生群体的影响力。我们党作为马克思主义政党始终重视理论的指导，然而党的理论绝不能只停留在党内，必须走到党外，深入大学生群体中，以党的理论的科学性和实践性去指导、影响、教育大学生。100 年来，在历代领导人的重视和推动下，马克思主义基本原理同中国大学生实际相结合，形成了具有中国特色的马克思主义青年观。对于党来说，就必须用青年观去把握和发展大学生，以党的青年观及其他理论，不断推动新时代大学生在党的理论的指导下，自觉地开展政治方向始终正确的自我教育。

坚持党对新时代大学生自我教育的领导，就要坚持大学生自我教育在党的领导下进行，即增强党组织对大学生群体的号召力。增强党组织对大学生群体的号召力，实质上就是在党的领导这个大前提下，把大学生组织动员起来，把大学生紧密团结在党的周围，促使大学生主动响应党的号召，跟随党的路线，践行党的安排，向着党旗所指而持续奋斗。要增强党对大学生的号召力，让大学生和党靠得更近，团结和带领广大大学生听党话、跟党走，坚持党对大学生群体发展、成长的正确引导，推动大学生群体在党的领导下，主动开展自我教育。

坚持党对新时代大学生自我教育的领导，就要坚持大学生自我教育在党的引领下开展，即增强党组织对大学生的引领力。党对大学生的领导和思想引领，其本质是在于将党自身的革命纲领、革命理想等传递给大学生，吸引大学生自觉跟随。百年伟大实践为党在新时代增强对大学生的引领提供了宝贵的经验，其最基本的出发点就是党对大学生的工作要从关心大学生成长、关切大学生权益、关注大学生特点着手，简而言之就是站在大学生的立场去考虑问题和开展工作。只有充分关注大学生的成长成才需求和心理状态，才能引起大学生的共鸣，获得大学生的认同，大学生才会自觉接受党的领导，从而更自觉地开展自我教育。

（二）掌握科学理论，认识新时代大学生全面发展规律性

深入研究大学生自我教育和全面发展，认识其规律性，是优化新时代大学生自我教育的重要基础和前提。新时代大学生的成长发展具有自身的发展逻辑和发展规律，必须掌握

科学理论，以辩证唯物主义视角来认识大学生全面发展的规律性。

一方面，新时代的大学生是所有人口中最具活力和发展潜力的部分，更是社会未来发展的中坚力量；另一方面，大学生尚处于人生发展的早期，其人生阅历和理性思考等，尚有不足。当澎湃热血遇上理性不足，对大学生乃至整个社会而言是忧非喜。从现实的层面来看，大学生处于人生极为重要的过渡期，不仅是从儿童过渡为具有完全行为能力的成年人，更是从一个自然人过渡为一个社会人，成为复杂社会关系网络的一个重要节点。在这一过渡阶段，大学生的发展规律显得更加隐蔽。因此，要以辩证唯物主义为出发点，辩证地看待和分析大学生在不同的阶段、不同的情况和不同的矛盾下所表现出来的现实表征，进而总结和提炼出大学生全面发展规律，为优化大学生自我教育提供基本遵循。

（三）把握时代特征，激发新时代大学生自我教育创新性

在中国特色社会主义新时代，大学生自我教育应立足新时代而展开，更好地激发大学生自我教育的创新性。而中国特色社会主义新时代：一是承前启后，继往开来，在新的历史条件下继续夺取新时代中国特色社会主义伟大胜利；二是任务更为艰巨，更为光荣，决胜全面建成小康社会，全面建成社会主义现代化强国；三是不断创造美好生活，实现从"有"到"优"；四是全国各族人民勠力同心，努力伟大复兴；五是登上世界舞台，为人类作出中国贡献。

（四）立足自我需求，增强新时代大学生自我教育积极性

大学生自我教育应立足大学生需求。随着社会的发展，大学生在社会中的作用越发重要，但从社会资源的占有量和社会话语权的分量而言，大学生在社会结构中所处的地位仍旧不占优势。与这样的现状形成对比的是，大学生的需求越发地丰富和多样，但丰富和多样的需求却因为其弱势的社会地位而无法得到回应和解决。

中国特色社会主义新时代，大学生的最大需求就是通过个人的努力奋斗来实现自我发展，但在这一过程中存在着一种对人生发展和未来走向的不确定性。大学生寄希望于通过个人努力实现个人的自我突破，但不确定性是大学生面临的一大风险。从大学生面临的发展困局而言，在奋斗道路上大学生面临着潜在的风险，初入社会的大学生不能完全适应社会的高速发展。从近些年来包括"蛋壳公寓侵犯毕业生权益"等事件的新闻报道来看，在成熟的资本运作之下，大学生缺乏防备，更难以同资本相抗衡来维护自身权益。

以此观之，大学生群体一方面既要实现自身发展，又面临着巨大风险，而正是这样的矛盾，决定着大学生群体很多时候都需要成熟的思想、正确的观念、拼搏的精神等来维持自身奋斗的姿态，而这就需要大学生群体立足于自身需求，开展自我教育，增强自我教育的主动性，在同不确定性的斗争中，以奋斗寻求出路。

二、新时代大学生自我教育优化的重要目标

新时代大学生自我教育的优化是一个完整的体系，有着特定的目标，要从自我教育的

基础、自我教育的内容、自我教育的环境三个方面着手，回归教育初心、重拾教育目的、提高教育实效，更好地把握新时代大学生自我教育优化的重要价值。

（一）优化自我教育基础，回归教育初心

新时代大学生自我教育的基础，在于其物质上有保障，精神上有源泉。要对新时代大学生自我教育的基础进行优化，做到回归教育初心，就必须优化大学生自我教育的物质基础和精神源泉。

优化新时代大学生自我教育基础，首先要优化其物质基础。充足可靠的物质条件，是新时代大学生觉醒自我意识，进行自我认知，开展自我学习和自我实践，并完成自我评价这一整个自我教育过程的重要基础。特别是针对在校的大学生而言，无论是自我意识的觉醒，还是自我学习和自我实践的开展，都需要一定的资金、时间、技术等方面的支持，试想脱离了以上物质条件，只存在于脑海中的“自我教育”如何谈得上教育二字，更多的是沦为个体的空想罢了。在优化物质基础方面，更多的是需要高校等教育机构或政府部门充分提高对大学生自我教育的重视，重视自我教育的育人实效。当前，大学生自我教育物质基础方面面临的一大问题是资金不足，财政支持不够，在这样的情况下，大学生自我教育需要多方合力，需要学校、政府和社会都要做好大学生自我教育的物质基础保障，形成政府划拨资金、社会赞助物资、学校提供场地环境等的协同合力全员育人的基础；需要整合多个层面、多个方面的育人资源，合理分配资源，将资源合理配置到大学生自我教育的整个过程，让大学生寒暑假期间的自我教育也得到保障，而不是局限于在校就读的时间段，力争做到从入学到毕业全过程都有充足的物质资源保障，实现全过程育人；需要将物质保障拓展到大学生成长发展的更多方面，要从大学生全面发展的角度出发，使全方位育人都有着坚实的物质保障。此外，高校应加强与社会各界的联系，如加强与各类实践基地、爱国主义教育基地等机构的联系，为大学生开展自我教育提供更为广泛的物质条件。

优化新时代大学生自我教育基础，要优化其精神源泉。社会主义核心价值观是我国教育事业的重要价值导向和教育教学活动必不可少的重要内容，特别是对于新时代大学生群体而言，自我教育需要以正确的价值观来保障精神源泉的正确。大学生群体作为社会的重要成员，其价值观的正确与否关系到社会风气的发展和正确与否，因而要在大学生群体的自我教育中充分发挥社会主义核心价值观的价值引领作用。当下社会，价值取向明显表现出多元性和差异性，特别是大学生群体极易受到各类不正确价值观的感染和侵袭，因而需要正确价值来引领自我教育。作为中国特色社会主义事业建设过程中的价值引领和理论指南，社会主义核心价值观是社会主义意识形态的集中体现，同时也是激发和引导大学生群体对于社会主义事业热爱的价值导向。社会主义核心价值观从国家、社会和个人三个层面做出了具体规定，为新时代大学生的全面发展提供了价值遵循，也为大学生自我教育提供了正确的价值引领，因此，应该将社会主义核心价值观融入大学生自我教育的各个方面。今天的中国，正处于实现伟大复兴的关键期。实现了从站起来、富起来到强起来的伟大飞跃。党的十九大以来，我国进入了中国特色社会主义新时代，而新的时代需要全国人民团

结奋斗、需要全体中华儿女勠力同心。要实现中华民族伟大复兴就必须以社会主义核心价值观为共同价值基础团结在一面旗帜下。特别是对于大学生群体而言，要以社会主义核心价值观引领大学生自我教育，振奋大学生的精神状态，推动大学生勇于面对时代波澜壮阔；以坚定的信心，鼓励大学生勇于面对发展路上的各种挑战。

（二）优化自我教育内容，重拾教育目的

新时代大学生的自我教育，其目的在于通过由内而外的教育活动，经由自我认知、自我学习、自我实践、自我评价等多个环节，在专业知识、思想品德等方面实现大学生的全面发展。要对新时代大学生自我教育进行优化，就要从教育内容着手，推动共性教育与个性教育相结合，理论教育与实践教育相结合。

推动共性教育与个性教育结合，要从大学生自我教育的自发性着手。自我教育的一大特性就是其自发性，无论是因为社会发展需求的激励还是学校教育的推动，其核心驱动力都是来自大学生内在，自我教育是一种内生驱动的教育活动和过程，同样也是极具个性化的教育。而当前我国高校所进行的教育以及对学生宣传和促进的教育更多的是以全体大学生为教育对象的一种普遍性的教育，这种教育面向对象的广泛，选择面也较为广泛，是以大学生整体都具备的共性和社会发展的共同需求为出发点。但是新时代的大学生，个性更加显现，不论是人格养成、发展目标、人生阅历还是其他方面都存在着极其明显的差异，在基于共性的学校教育和新时代大学生极大的差异性的比照下，要对新时代大学生自我教育进行优化，将共性教育与个性教育优化组合。共性教育提供了大学生发展所需的基础，从德智体美劳多个方面促进了大学生的成长，本意是推动学生的全面发展。而个性教育则是基于每个个体的差异性，以学生的成长发展特点特性为基础，是教育上的“量身定做”。共性教育与个性教育的结合能够推动新时代大学生在全面发展的基础上，充分找到并发展自己的长处和优势，实现自我教育更好地发展。

推动理论教育与实践教育相结合，也是新时代大学生自我教育内容优化的重要组成，简单地说就是做到知行合一，基础在知和行，重点在于合一，马克思主义一直强调理论与实践相统一的观点，而自我教育的实现必须是“知”和“行”的统一。自我教育不仅是大学生在理论方面对自我进行教育，促进大学生作为道德主体对自身道德品行发展和政治素养提升的认知，同时也使大学生在实践方面去践行这些认知，在自我教育的基础上产生道德自觉。如果把理论教育视为主要对主观世界的改造，是思想改造，那么实践教育则是聚焦于客观世界的改造，是对大学生行为举止的约束和规范。只有当思想改造和行为约束两者更好地结合起来并且两者在程度和方向上高度一致，才能促进自我教育更好地实现。

（三）优化自我教育环境，提高教育实效

新时代大学生自我教育的环境，可以分为广义和狭义上两个环境，广义上的自我教育环境包括了自我教育的主观世界的环境和自我教育的客观世界的环境两个方面，而狭义上的自我教育环境主要指社会的大环境和校园的小环境，其中社会的大环境涵盖了经济环

境、政治环境、文化环境和网络环境等，校园的小环境则是包括了校园物质文化环境、校园精神文化环境以及朋辈影响环境等。社会环境主要是起着用良好的社会经济、文化发展状况来引导大学生自我教育发展的作用。马克思主义认为："个人与社会相互依存，相互制约，而人具有多种多样的属性，概括起来，分为两大类，即自然属性和社会属性。其中社会属性是人的最主要、最根本的属性。"[①] 大学生群体思维的活跃性决定了其思想动态发展容易受到社会环境的影响，良好的社会氛围对大学生思想品质的形成与发展是必不可少的。在互联网和新媒体技术发展迅捷的今天，大学生作为互联网的最大用户群体之一，在网络中扮演了重要的角色，因而无论是教育工作者还是教育体系都要重视网络环境对大学生自我教育的深远影响。在重视社会大环境的同时，也必须注意到，大学生学习、生活等的大部分时间仍旧是在校园中度过，因而校园小环境的优劣与否也深刻影响大学生自我教育的实效。其中，校园物质文化环境主要涵盖了校园的硬件条件设备，是大学生在学校内进行自我教育的重要条件；而校园精神文化环境则是指校园文化氛围、校风校训等，对大学生自我教育起着重要的引导和促进的作用。对于两者的优化，要从大学生的需求着手，提供良好的物质文化环境和精神文化环境，拓展大学生自我教育的可能性和空间。

在物质文化和精神文化环境之外，对大学生自我教育起着重要促进作用的还有朋辈教育环境，朋辈教育环境也是自我教育的重要影响因素。朋辈教育一词是近现代教育学界提出的概念，但是其形式和内容发端极早。孔子在《论语》中强调了"三人行，必有我师焉"的观点。对朋辈教育环境进行优化，就是要推动具有相同兴趣爱好、相近生活习惯、相等学习程度的大学生会聚一堂，在个体与个体的互动中分享自我、交流自我，从朋辈身上取长补短、相互促进、共同提高。要对朋辈教育环境进行优化，就要有针对性地建立起有效的朋辈互助交流体系，保证朋辈教育对自我教育产生积极影响。从寝室、学习或兴趣小组、活力团支部、班集体、社团等多个层面组织和搭建高校朋辈互助的教育平台，提供丰富的朋辈教育环境下自我教育的组织选项，为自我教育提供丰富的朋辈教育环境。

三、新时代大学生自我教育优化的具体路径

新时代大学生自我教育是一个动态发展的过程，其优化需要外部的教育干预，同时也需要作为教育主体的大学生的自我提高，因而需要从自我认知、自我学习、自我实践、自我评价等方面综合发力，有的放矢地结合新时代大学生全面发展的目标对大学生自我教育进行优化，激发自我教育活力、增强自我教育动力、挖掘自我教育潜力、保持自我教育定力，最终实现新时代大学生自我教育的优化。

（一）发展自我认知，激发大学生自我教育活力

苏格拉底开创性地把"认识你自己"这句希腊德尔斐神庙的铭句作为其哲学的主要原则，实现了哲学主体由神到人，由自然到社会的历史性转变。而在其之后的哲学家、思想

① 马克思，恩格斯．马克思恩格斯全集［M］．北京：人民出版社，2016.

家、大教育家们也把自我认知作为哲学、教育学发展最宏大的命题之一。自我认知，是作为认识主体和个体的人，对自身道德品行、思想动机和行为的认知。马克思主义哲学认为，认识对实践有着能动的反作用，正确的认识能够指导实践，在自我教育中，自我认知是一切自我教育行为开展的前提和基础，要对新时代大学生自我教育进行优化，就必须发展自我认知，激发新时代大学生自我教育的活力。有了正确的自我认知，才能确保自我教育活动的正确性，才能促进新时代大学生自我教育有效开展，增强大学生自我教育的活力，弥补新时代大学生自我教育的不足。发展自我认知，就是要做到自知、自省，最终达到自觉的境界。

1. 发展自我认知，首先要做到自知

老子在《道德经》中有云："知人者智，自知者明。胜人者有力，自胜者强。"对于大学生而言，自我认知是自我教育中最复杂和最困难的一个环节，自我认知，意在找到"理想我"，看清"现实我"，自我认知的正确与否，直接决定了后续自我教育活动的方向是否正确，也直接决定了能否搭建起"现实我"通向"理想我"的桥梁。在马克思和恩格斯看来，"人要通过自己的伟大实践活动实现由必然王国向自由王国的飞跃"①，并在此过程中不断地发现自我，实现自我。新时代的大学生要做到自知，就不能简单地将自我认知停留在对作为"自然人"的认知上，而是要在马克思主义人的本质观点下，拓展到"社会人"的层面。作为现实的、社会的人，新时代的大学生和社会上的其他集体及个体都存在着各种的关系，并由此产生大学生作为社会个体的权利、义务以及大学生在社会发展过程中的角色和历史使命，以上抽象的东西，就是新时代大学生自我认知的重要内容。在做到自知这一方面，我国古代思想家已经有着许多可供参考的方法，唐朝名臣魏徵就在其与唐太宗的对话中提出了"以铜为鉴，可正衣冠；以古为鉴，可知兴替；以人为鉴，可明得失"② 的比较法。通过将朋辈或样板、偶像等视为反映自我的一面镜子，并通过与镜对照，从中发现自己的不足和长处，进而取长补短。当然，比较法也并不只是与他人进行横向的对比，不同时期的自我也是重要的比较对象，相比于与其他人进行对照的横向比较，纵向比较更能看到自己的进步发展，更能激发内生的活力。即对照他人的横向比较与对照自我的纵向比较，都要注意把个人与社会结合起来进行比较，从而找到长处和缺点，也更好地找到发扬优势、弥补不足的路径和方法，使得自我教育更具有活力。

2. 发展自我认知，其次要做到自省

自省是大学生自我认知在做到自知之后的发展阶段。自省，即自我反省。《论语·里仁》有云："子曰：'见贤思齐焉，见不贤而内自省也'。"自省，实质上是一种辩证的自我否定，"从性质上看，道德自省既包含着自我肯定，也包含着自我否定"③。发展自我认

① 马克思，恩格斯．马克思恩格斯文集（第5卷）［M］．北京：人民出版社，2009.

② 欧阳修，宋祁撰．新唐书［M］．北京：中华书局，1975.

③ 汪祯亮．论校本德育张力的路径选择［J］．中学政治教学参考，2019（32）：6-8.

知，必须培养大学生的自省意识，而大学生自省意识的培养，有赖于学校、家庭、社会和大学生共同努力，形成合力。全社会应崇尚道德，尤其是大众媒体，作为社会舆论的主要传播者和影响者，大众媒体应该充分发挥舆论导向功能，在马克思主义和社会主义核心价值观的指导下，加强内容建设，使用优质的、创新的、符合大学生审美和发展需求的宣传内容，在宣传中充分起到价值引领的作用。

3. 发展自我认知，最后要做到自觉

自知到自省，是行为上的发展，而自省到自觉，则是大学生行为规范和思想观念的整体升华。自觉有着文化自觉、政治自觉等多个方面，具体到自我认知，是指大学生能够根据自身发展情况和社会现实对自我情绪、倾向、体验等进行调控，即对自我行为和思想的掌控。

自觉地实现，首先有赖于大学生对自我情感的把握和调控。大学生感性因素空前活跃，情感丰富，具有为自我教育输送精神营养，促使自我教育与个体更加协调的作用；同样，受外界影响极大的情感也容易滋生负面情绪，阻碍大学生自我认知的进行，因而大学生要做到自觉，做到善于调控情绪把握情感，利用生活和学习中的美好情感因素丰富自我情感世界，换言之就是用“正能量”来冲散“负能量”，提高心理素质。

其次有赖于外部教育的引导。“涵养大学生内得于己的德行是高校德育追求的终极目标”，学校教育的引导是大学生自我认知达到自觉状态的重要因素和助力。学校教育中以生为本的人本化教育理念、立足学生全面发展需求的课程设计和教育实践活动、积极向上崇尚道德的校园环境氛围是学校教育提升的主要内容，特别是学校和教育工作者要树牢学生主体性的德育理念，力求激发学生的主体意识，以革新课程设置、创新教育活动等方式，塑造学生独立、自主、自觉的道德人格和道德行为范式，并最终通过外部教育的引导和内在情绪的调控，最终达成大学生自我认知的自觉状态。

大学生自我教育发展的活力，源于大学生对自我的认知，科学的自我认知从浅层到深层，从感性到理性，从现实我到理想我，让自我教育更加贴近生活、贴近实际、贴近真实的自我，特别是自知和自省的发展，最终实现高度的自觉，不断激发着大学生自我教育的蓬勃活力。

（二）激励自我学习，增强大学生自我教育动力

美国著名管理学家彼得·德鲁克在其相关论述中提出，“过去150年真正推动社会变革的其实就是知识，只是知识的应用层面不同”①，为此，他将这150年分为三个阶段：知识催生工具、知识应用到生产过程之中、知识运用于知识本身，并由此产生了工业革命、技术革命和知识革命。随着时代的发展，知识革命正以突飞猛进的速度向前推进。无论是将世界紧密联系在云上的5G和新型互联网技术，还是深刻反映时代真理的中国特色社会

① 彼得·德鲁克．后资本主义社会［M］．傅振焜，译．北京：东方出版社，2009.

主义理论体系和习近平新时代中国特色社会主义思想，都对新时代的大学生提出了全新的要求。在此背景下，作为社会发展未来支柱的新时代大学生欲中流击水浪遏飞舟，就必须增强自我学习能力，不断从变化的时代、发展的社会中汲取全新的知识，提升专业素养和政治理论素养，增强新时代大学生自我教育动力。

1. 激励自我学习，首先在于激发大学生学习欲望

学习是一种人类自出生以后就不会停止的社会活动，教育界向来有着“终身学习”的观点和理论。激励新时代大学生自我学习，首要在于激发大学生主动学习欲望，具体表现为端正大学生学习的动机，增强大学生自我学习的责任感。学习动机是引发与维持学生的学习行为，并使之指向一定学业目标的一种动力倾向，它包含学习需要和学习期待两个方面。学习动机并非自然生成的，而是在人与家庭、学校、社会的不断互动中逐步形成的，并且在持续互动中不断发展，所以反映在大学生学习动机上就较为复杂。端正学习动机，必须坚持在马克思主义理论的指导下进行学习。现代心理学把学习动机划分为高尚的、正确的动机和低级的、错误的动机；近景的、直接性动机和远景的、间接性动机；内部学习动机和外部学习动机；等等。《论语》中有云“士不可以不弘毅，任重而道远。仁以为己任，不亦重乎？死而后已，不亦远乎？”就是强调了立大志、立长志以及端正学习动机对于学生发展的极端重要性。没有正确的、高尚的学习动机和学习目的，学习效果也不尽如人意。要达到良好的学习效果进而实现自我教育，从人与社会的关系、从共产主义远大理想和中国特色社会主义共同理想出发，树立正确的学习动机。确立学习志向，明确学习目的，端正学习动机，学习的欲望才会被激发出来，学生才会克服在前进路上的各种困难。端正学习动机之后，要增强大学生自我学习的责任感。责任感是一种自觉主动地做好分内分外一切有益事情的精神状态，是思想道德素质的重要内容。在国际竞争日益激烈、对人才需求越发迫切的现代社会，大学生在竞争和发展中承担着越来越重要的角色，故而要重视培养责任意识，明确学习并不只是为了自己，更是为了顺应时代发展的全新要求，在国与国的竞争和社会的发展中，提供大学生的力量。学习责任感的增强，需要树立终身学习的观念。所谓终身学习，是指社会个体为了适应社会发展和个体发展的需要，贯穿人一生的、持续的学习过程。从时代背景、社会发展规律和人的自由全面发展目标出发，学习应是终身的，大学生需要在持续的学习中，包括学校学习和自我学习中增强学习能力，提升学习责任感。终身学习的观念在我国古代十分突出，近代许多教育家也主张“活到老、干到老、学到老、用到老”。要在学生中牢固树立终身学习的观念，通过各种方式让学生充分认识到终身学习的重要性，激励学生善于学习、终身学习。

2. 激励自我学习，其次在于培养大学生接受能力

接受是人类社交活动的重要表现之一。对于一种事物的客观标准，接受就意味着主体在某一方面认同、认知了客体，并在此基础上主体的认知发生了一定改变的过程，因而接受能力在社会活动中具有重要地位。作为社会上最活跃的群体，大学生应该紧跟时代发展

的浪潮，用马克思主义中国化的最新理论成果指导自身的学习，培养和强化自身的接受能力。培养大学生的接受能力，要把握大学生内在需要的特点，激发大学生主动接受和接纳马克思主义理论，同时要善于利用外部因素的影响，强化接受能力。

大学生群体的内在需求具有多样性、变化性和共同性的特点。多样性是指每个大学生的需求是多样的、不同的：不同个体的需求不同；同一个体在不同时期的需求不同；对于同一个体不同方面的需求和接受能力也不同。这就要求教育工作者和大学生本身要理性分析个体的不同需求，采取相应的教育和自我学习的方法。变化性是指大学生内在需求总是经历由低级向高级，由片面向全面，由部分到整体的深刻变化，在这样的情况下，自我教育和自我学习就要紧扣变化的特点，连点成线，从线到面，从感性体验到理性认知，逐步凝练和综合，锻炼大学生的接受能力。共同性是指绝大部分甚至全部大学生普遍具有某一类或某几类共同需求，这就要求教育者和大学生本身在广泛的沟通交流中找到共同需求，适时调整教育方法和学习方式，把握共同需求，进而培养和强化大学生的接受能力。

善用外部因素的影响也是培养大学生接受能力的重要手段。外部因素主要来源于社会发展需求和目标以及对大学生的期望，通过大学生与社会的互动从而驱动大学生去接受和接纳新知识、新技术和新理论，大学生和教育者要善于运用外部因素，激发兴趣，提高期望，从多方面去培养和强化接受能力。

3. 激励自我学习，最后在于拓展大学生学习内容

自我学习是不同于学校学习的实践活动，其不仅是掌握和储备知识的过程，也是提升大学生政治理论素养、提高大学生思想品德修养的过程。故而激励大学生自我学习，要拓展大学生学习内容。当前大学生自我学习存在着一定的不足，拓展学习内容，需要从学习的系统化、内容的丰富化、形式的多样化三个方面进行。

学习的系统化，主要是指大学生自我学习，应由表及里、从片面到全面、从部分到整体。自我学习的重点是将理论内化于心，如果内化于心的是理论的残片断章，那么学习就容易走偏，进而危及自我教育。学习的系统化，就是要求大学生自我学习从一本或几本经典著作中跳出来，从故纸堆中抬起头来，透过几十年甚至上百年前的文字去把握理论的核心，在一脉相承的理论中建立完整的辩证唯物主义理论体系，去芜存菁；就是要求大学生立足马克思主义基本立场，以马克思主义基本观点去审视问题，透过现象把握社会焦点的本质，从社会发展规律出发，摸索社会焦点的诱因和解决方法。

内容的丰富化，主要是指大学生自我学习的内容不能停留在某一个方面，应顺应时代和自我发展的需要，更加广泛地覆盖到其他相关的领域。从社会层面看，随着时代的发展，社会对复合型人才的需求越发高涨，我国高等教育也在 1998 年本科专业目录调整后，加大了对复合型人才培养的投入和重视，双学位（学历）制、第二学位制、联合培养等新的教育制度也普及开来。从大学生个人层面而言，内容的丰富化，在于深度结合专业知识和政治理论的学习，坚持马克思主义理论和中国特色社会主义理论体系的科学指导，以本专业知识学习为先；更多地在深度结合本专业知识和交叉学科专业知识以及其他学科知识

学习，用交叉学科的全新视野去研究和探索专业问题，求得真理；更多地在有机结合本专业学科知识的学习和应用，从实践去探究世界本质。实现了这三个结合，学习的内容也就从一个方面，丰富了多个方面、多个领域、多个维度。

形式的多样化，主要是指大学生自我学习的形式要更加多样，一改从前一个人埋头苦读的学习方式，充分利用更多平台、手段和方法。在当前时代，新媒体的出现，其以 5G 技术等为媒介，以智能手机等现代通信设备为载体，搭建了许多速度更快、资讯更多的信息平台，这为学习方式的多样化提供了新的发展方向。社会学习理论创始人阿尔伯特·班杜拉针对互联网技术日渐发达后的学生自我教育和自我学习提出："在教育领域，现在的学生可以对自己的学习实施更大的个人控制。过去，他们的教育发展极大地有赖于他们所进入的学校。现在，他们拥有最好的图书馆、博物馆，而且只要手指轻轻一点，就可以通过全球互联网随时随地运用多媒体教学进行自我教育。"① 大学生自我学习，特别是对于马克思主义理论的学习除了在故纸堆里打转、在台灯下苦读之外，有了更符合时代特色、更符合大学生需求的学习平台、学习方式和学习方法。

新时代大学生自我教育的动力在于大学生持续不断地自我学习，要使自我教育的动力源源不绝，就要充分激发学习欲望，提高接受能力，拓展学习内容，从多个层面保障大学生"想学""能学""学得好"，更好地增强新时代大学生自我教育的不竭动力。

（三）深化自我实践，挖掘大学生自我教育潜力

在马克思看来，实践是人们能动地改造和探索现实世界一切客观物质的社会性活动，实践的出现主要是为了满足人们的某种需要，如生产实践是为了满足人们对物质生产和生活资料的需要而出现等。由此可以得出，新时代大学生自我教育的自我实践，是为了新时代大学生自我教育、自我发展和自我实现的需要而出现的，是新时代大学生自觉地根据时代进步、社会发展和个人价值实现的需要，将理论与实践相结合的过程，这一过程建立在自我学习所获得的理论储备的基础上，并通过自我管理、自我监督、自我服务等方式来实现，同社会实践一样，自我实践同样具备着自觉能动性的特点，并且与社会有着密切关系。

在所有群体中，大学生是推动社会发展和时代进步的重要力量，因而在新时代，优化大学生自我教育，就是要优化大学生自我实践，丰富大学生自我教育经验，提升大学生自我实践能力，落实大学生自我教育行为，具体表现为：推动理论实践结合、完善自我实践体系、健全自我实践机制。

1. 推动理论实践结合

中国自古以来十分重视理论与实践相结合，无论是《礼记·大学》中的"格物致知"一说，还是明代王守仁的心学主旨"致良知，知行合一"，乃至于宋朝陆游的"纸上得来

---

① 阿尔伯特·班杜拉．社会学习理论［M］．陈欣银，李伯黍，译．北京：中国人民大学出版社，2015.

终觉浅，绝知此事要躬行”都充分体现了中国古代思想家对于理论与实践结合的高度重视。在近代中国的革命斗争中，中国共产党人在马克思主义的基础上，结合中华优秀传统文化，对理论和实践结合提出新的观点。学习的目的是改造世界，学习是大学生掌握知识、认识真理、养成理性思维，进而改造主观世界的过程；实践的目的同样是改造世界，实践是大学生应用理论、检验真理、基于理性思维探究和解决问题，进而改造客观世界的过程。推动二者的结合，就是要推动改造主观世界和改造客观世界相统一。主观世界的改造和客观世界的改造，两者原则上是一致的，方向上亦是同向而行，过程中更是动态互补的。主观世界的改造，基于先前自我认知形成的理想我，其改造的过程不能仅靠理论的累积，更需要客观世界改造的促进；客观世界的改造，更基于理论学习形成的“理想社会”，其改造过程同样不是盲目的，需要理想的主观世界的指导。

2. 完善自我实践体系

体系是一定范围内或同类的事物按照一定的秩序和内部联系组合而成的整体，是不同系统组成的系统。完善自我实践体系，就是要在马克思主义的指导下，从新时代大学生自我实践的实际情况出发，联通多个层面、整合多个维度、丰富多种形式的自我实践活动，使之紧密联系、彼此互补，成为一个层次分明、关系紧密、结构科学的实践体系，更好地发挥自我实践的实效，更好地检验理论、改造世界。

联通多个层面的自我实践活动，主要是指联通国际、国家、社会、学校等不同层面的自我实践活动，使之能够联动联通。不同层面的自我实践活动具有不同的作用，也有不同的优势。国际层面的实践活动，如留学、国际文化交流（中俄青年论坛、中意文化节、中法文化年）等，能够为新时代大学生开阔国际视野，塑造跨越国界的宏大格局，其优势在于能够深入了解他国的政治、经济、文化和社会发展状况，在比较中提高教育实效。国家和社会层面的实践活动，如抗疫志愿服务、党的二十大精神宣讲和党的理论宣传等，能够强化大学生“社会人”角色，其优势在于聚焦国家和社会发展需求，使大学生更加深刻地理解自身角色，肩负自身使命，承担自身责任。学校层面的自我实践活动，如校园文化节、学生会等，能够促进大学生专业知识和政治理论的更好结合，其优势在于进入的门槛更低，大学生参与的机会更多。联通多个层面的自我实践活动，就是要促进不同层面的实践活动资源能够有序流转，为大学生参与不同层次的实践活动提供更多的可能，在保证公平的基础上，促进国际、国家和社会、学校等不同层面的自我实践活动优势互补，充分落实自我实践的效果。

整合多个维度的自我实践活动，主要是指整合不同维度的社会实践活动，使之同向而行，更好地共同服务自我教育目标，即促进大学生自我教育实效的提高。自我实践活动这一概念覆盖着多个维度，例如爱国主义教育活动、党的理论宣讲活动、乡村振兴实践活动等，这些实践活动各有侧重点。对多个维度自我实践活动的整合，就是要整合主题、整合任务模式使之成为综合化的实践活动。在欧美国家，综合化的实践活动主要被民间组织、社区自治委员会、教会等组织所拆分，学校和政府只是起辅助作用。而在中国，学校和政

府是开展综合化实践活动的主力，特别是学校，课程大纲的改革、实践课程的设立等等都体现了综合化实践活动的地位逐步提高。在大学阶段，大学生能够进行的自我实践活动更多，涉及的范围更广，需要学校和教育部门站在较高层面将分散的实践活动整合起来，在不同的阶段、不同的时期，适时地开展不同主题、不同维度的自我实践活动，做到实践活动与社会焦点、时代背景、大众舆论相呼应，用浓厚的氛围感去强化实践的教育效果，同时力求做到不同维度的自我实践活动之间相互呼应，相互联系，从而形成合力，共同促进自我实践效果的发挥。

丰富多种形式的自我实践活动，主要是指在现有的自我实践活动基础上，根据新时代对大学生全面发展的新要求，基于大学生自身的实际情况，创新和丰富大学生自我实践的形式，同时也将更多实践活动纳入大学生自我实践的范畴内，以更丰富的形式，促进效果的提高。当前大学生的自我实践活动主要局限于校园文体活动、学科竞赛等方面，其形式较为单一，在一定程度上适应了大学生在专业方面的发展需求，但在创新上有所不足。丰富多种形式的自我实践活动，就是要拓展自我实践活动的边界，把握新时代的时代脉搏和大学生的真正需求，将自我管理、政治参与、网络空间建设等方面的实践活动纳入大学生自我实践活动的范畴。在自我管理中，从寝室公约的制定、班级管理等方面，大学生要主动发声、主动参与，以管理者的身份去体验大学生自我管理实践活动，更好地理解自己的角色，把所学的理论知识应用于实践，从实践中不断分析、总结，从而提高自身解决问题的能力；在政治参与中，大学生要有序地参政议政，通过青年代表提案、政务平台留言、市长热线等方式积极参与社会政治生活，以政治参与启发自身，启蒙朋辈，最终达到自我教育的目的；在网络空间建设中，大学生要作为网络空间清朗风气的建设者和维护者，反对网络暴力和网络谣言，维护网络空间的健康发展。自我实践活动形式的丰富，要满足大学生多元化的需求，坚持形式和内容与时俱进，不能拘泥于已有的形式，不能停留在当前的层面，始终保持创新的精神和进取的态度。

3. 健全自我实践机制

大学生的活跃思维既是自我教育的优势所在，同时也可能会引发一定的隐患，特别是在价值观多元化、快餐文化盛行的现代社会，大学生复杂的个性、过于活跃的思维都容易在跳出束缚的过程中一不小心跳到了背道而驰的轨道上，进而成为自我教育发展的阻碍，故而在自我实践中，需要一定的机制对大学生自我实践进行引导和组织，确保大学生自我实践活动方向不走偏。

健全大学生自我实践引导机制，自我实践是一个动态过程中的开放性环节，它与外界互动极为紧密和频繁，需要外在的引导，充分调动大学生进行自我实践的积极性，把握大学生实践动机。特别是由于大学生独立意识的逐渐形成，在很多问题上有了自己的看法和观点，往往在这样的情况下灌输教育就失去了应有的作用，必须求得思想上的共识，引导大学生自我实践沿着正确方向开展。这里的引导机制包括榜样的引导，也包括目标的引导。榜样引导，是指在实践活动中采取树立榜样的方式，选出具有感召力的典型人物和事

例，激发大学生的情感共鸣，从感性层面引导大学生自我实践方向。目标引导是要建立在大学生自我认知的基础上，通过大学生“理想我”这一目标，引导大学生自我实现的需要，促使大学生通过自我实践来逐步实现“理想我”，值得注意的是，这里的“理想我”并非绝对可靠的，更多时候仍旧需要外界助力去帮助大学生正视自己，端正发展和成长的目标，使得“理想我”更具可实现性，而不是“哲人王”一般的遥不可及。

健全大学生自我实践组织和保障机制，自我实践的特殊性质要求大学生个体与个体、个体与集体之间密切地互动，需要一定集体和机构的保障。学校的学生组织，如班委会、基层团组织、学生会等学生组织应具备“自我教育、自我管理、自我服务、自我监督”的职能，学生在这些组织和集体中既是被管理者也是管理者，同时具备着双重身份。健全自我实践的组织机制就是要充分动员学生组织和集体，充分发挥大学生的主人翁精神，通过行为规范化，来引导和约束个体的思想动态和行为做派，同时也通过强有力的组织如基层党组织、基层团组织等，强化朋辈效应，用正确的思想去纠正错误的思想。在读书会上、在社团活动中，小到寝室管理，大到学校管理，都需要健全相关组织机制，充分发挥相关学生组织“从同学中来，到同学中去”的工作优势，整合集体教育和自我教育的力量，最终将外部的相关制度、理论、规范等内化于心，达到提高大学生思想品德修养的目的。健全大学生自我实践的保障机制，就是要发挥集体优势，从思想理论、物质条件、活动场所等多个方面，合理配置实践资源，保障大学生自我实践顺利进行。首先，为大学生提供社会实践的基地保障，地方政府应深度挖掘本地的红色资源及其他社会实践资源，为大学生自我实践建立实践基地；同时应和社会群团组织建立紧密联系，定期接纳大学生开展实践活动，从而形成互利共赢的良好局面。其次，完善大学生自我实践的资金保障，大学生自我实践不同于高校组织的大学生社会实践，其主要是由大学生自发进行或由学生组织统一开展，实践资金的缺乏是一大问题，学校或社会相关公益组织应通过校企合作、企业与公益组织合作等方法鼓励企业对大学生自我实践进行资助，并从中评选出成果优秀、发展良好的项目予以专项资金支持，同时对支教、志愿服务等长期性的实践项目予以持续性的帮扶。最后，向大学生自我实践提供指导，选派学校专职团干部或地方专职团干，作为大学生自我实践团队的联系人或指导员，根据实际情况对大学生自我实践的开展进行指导和帮助。

宝剑锋从磨砺出，梅花香自苦寒来。只有经过深层次的实践活动，客观世界才能得到改造，也只有在客观世界的改造中，新时代大学生自我教育的潜力才能被挖掘出来，故而要对大学生自我实践进行优化，充分推动理论与实践的有机结合，推动主观世界改造和客观世界改造高度统一，同时完善自我实践的体系，健全自我实践的相关机制，筑牢自我实践的基础，更好地挖掘新时代大学生自我教育深厚潜力。

（四）改革自我评价，保持大学生自我教育定力

自我评价是新时代大学生自我教育发生过程中最特殊的环节：一方面，自我评价是对自我学习和自我实践的总结，是对大学生一定时期学习实践成果的回顾，是对是否达成

“理想我”目标的检验；另一方面，自我评价是下一阶段自我认知的前提，没有自我评价对成长和发展作出相应的评估，自我认知就会出现紊乱，无法为自我教育提供认知上的重要依据。改革大学生自我评价，首先在于培养大学生正确自我评价意识，促使大学生学会总结归纳；其次在于完善大学生自我评价体系，多方面综合评价大学生成长发展；最后在于优化大学生自我评价环境，形成全方面综合性的自我评价。

1. 培养大学生正确自我评价意识

自我评价是大学生站在新的成长阶段和高度回望过去，从某种意义上说是“新我”认识“旧我”，从而达到“反求诸己”的目的，是自发的过程，除了期末考试等外在的考评手段之外，更多依赖大学生自我评价意识和自觉性。综观当前大学生的发展状况，部分大学生在自我评价意识方面存在着一定不足，因而要改革大学生自我评价，就要培养大学生自我评价意识。

自我评价意识的培养，首要在于引导大学生树立正确的个人评价观，进一步增进自我价值意识，把自我成长，而不是经济上的收益作为衡量一切社会活动得失利弊的标准。在经济高速发展的当代社会，从商品拜物教到货币拜物教到资本拜物教，从西方普世价值观到极端环保主义，大学生的思维成长时常受到各种或正确或错误的思潮冲击，由此，要坚持以马克思主义来引导大学生个人评价观的形成，引导大学生塑造正确的价值观，把对物质的盲目追求辩证地转化为对美好生活、对个人全面发展、对人类向自由王国的飞跃的追求，从中更好地认识到自己的成长和不足，更好地进行反思，强化评价内生的动力。

自我评价意识的培养，还需要内在外在同时同向发力。于内而言，大学生要认识到自我成长发展的成果，要认清自己通过学习和实践取得的进步，这样的认识既是源于学习的动机和欲望，也是源于实践的感性体验，只有当大学生察觉到自身的成长和发展之后，才会产生自我评价、自我总结的意识。对外而言，无论是教师还是学校或社会，要为学生的自我评价提供相应的范式，相对于专业知识可以用考试等阶段性评估手段来进行评价，在思想道德、政治理论素养等方面，需要教师、学校和社会等对大学生的成长发展给予相应的表扬或批评，并以此作为大学生自我评价的重要依据，特别是外界的批评，更能指出大学生成长发展的不足，引起大学生的深刻反思，将外界的批评转化为内在的自我评价，并且在学习和实践中弥补不足。需要注意的是，外界的批评并不全是有益的，需要大学生从中筛选出具有善意的和可供参考价值的批评来进行自我评价。

2. 完善大学生自我评价体系

科学的自我评价体系是大学生进行自我评价的重要根据，同时也是自我评价改革，厚植大学生自我教育定力的重要基础。完善的自我评价体系应包括科学的指导思想、适宜的评价标准和有效的评价方法。对大学生自我评价体系进行完善，应坚持和强化马克思主义作为指导思想在自我评价中的地位；根据实际情况，与时俱进地优化评价标准；深入地挖掘中华优秀传统文化、广泛地吸收外国优秀成果、辩证地继承革命斗争经验，整合行之有效的自我评价方法。

完善大学生自我评价体系，应根据实际情况，与时俱进地优化评价标准。评价标准是指评价主体在评价活动中对评价对象进行评判的价值尺度，也是事物质变过程中量的规定性。大学生对自我进行评价时，参考的评价标准要根据时代和社会发展的目标不断优化，坚持同社会发展保持同一节奏和方向。坚持大学生自我评价标准以社会主义核心价值观为基准，把自己的行为同核心价值观的内核与具体要求相比照，把个人行为同社会道德要求紧密联系。在大学生自我评价中，由于自我评价的主体性，使得大学生容易受限于个人的利益和情感，局限在一家一户或是自己一人的身上，与自我评价的初衷相悖。自我评价实质上是对自我认识的深化和提高，使用大学生自我认同的道德标准来对思想行为进行评估，是由内向外的；社会主义核心价值观从国家、社会和个人三个层面对大学生的思想、行为等做出了要求，更符合自我评价的初衷。

完善大学生自我评价体系，应深入挖掘中华优秀传统文化、广泛吸收外国优秀成果、辩证继承革命斗争经验，整合出行之有效的自我评价方法。首先，应深入挖掘中华优秀传统文化，从历史典籍中寻找自我评价的方法。我国古代以儒家为首的学派对于自我评价深有研究，其中尤以“修身”最为典型。修身一词出自《礼记·大学》中“意诚而后心正，心正而后身修，身修而后家齐”。儒家的修身思想是以人性善恶作为其理论基础，强调主体的自觉意识，通过内省、慎独等修养方法，来提高道德自律，把自己的行为修养与理想道德联系在一起，时刻反省；同时把个人修养同齐家、治国、平天下的需求相比照，不断地调整自我，总结自我，发展自我。其次，应广泛地借鉴国外教育学界的成果。以国外核心自我评价为例，国外众多学者在心理学人格方面研究的基础上，提出了核心评价的理论和核心自我评价的新概念，这一评价方法更加强调理性化的思维和数据化的支撑，并在“大五”人格的基础上结合数据分析，创立了核心自我评价量表（CSES），为完善大学生自我评价体系提供科学的数据支撑。最后，应辩证地继承革命斗争经验方法。在长期的革命斗争中，结合中国共产党人革命斗争经验，提出批评和自我批评等方法。批评和自我批评是处理人民内部矛盾的重要方法，同时也是教育主体改正错误、总结自我，进行自我教育的方法，在中国特色社会主义新时代，应对这一类方法辩证继承，在大学生中广泛地推行批评和自我批评方法，以正确的自我评价方法来强化认知，树立坚定的理想信念。

3. 优化大学生自我评价环境

大学生自我评价环境，既包括大学生自我心理环境（内环境），也包括大学生社会交往环境（外环境）两个方面。优化大学生自我评价环境，简言之就是通过心理健康教育等方法，疏导心理问题，提高心理素质，对大学生自我评价内环境进行优化；就是从大学生社会交往着手，准确把握大学生社会交往的情感体验，对大学生自我评价外环境进行优化。

心理环境，是指某一时刻与个体有关的所有心理上的环境因素。不同学派对其有着不同的认识：行为主义者认为，其特征基本上是物理的、客观方面的。格式塔理论家认为，它包括意象、想象和记忆方面的因素。精神分析思想家认为，它包括潜意识元素、动机等。换言之心理环境是环境的一种，是人脑中对人的一切实践活动产生影响和控制的环境事实。大学生自我评价是大学生同时作为评价主体和对象的评价活动，良好的心理环境和心理素质是大学生经受各种压力考验，正视短处与不足，客观进行自我评价的基础。心理环境和素质的提高是一个不断积累，由量变到质变的过程，其发展伴随着大学生知识的积累、阅历的增加而不断提高。随着心理素质的提高，健康的心理环境也逐步形成，大学生也逐渐拥有客观、全面和广泛认识自我、评价自我的重要内环境，并且逐渐与外部评价更加趋同。

心理健康的重要性无须多言，骄傲自大的心境容易引发自满自得的心理，从而过高地评价自我，反之自卑自惭的心境容易引发负面的情绪，诱发抑郁症等心理精神疾病，对自我评价的影响是重量级的。中共中央、国务院印发《中长期青年发展规划（2016—2025年）》要求加强对青年大学生群体的心理疏导，概因青年时期心理发展不完全，容易出现心理波动和心理障碍。对大学生心理健康的关注，要求学校强化心理健康教育，学校是对大学生进行心理健康教育和人文关怀的主要力量，应普遍开展大学生心理健康教育，设置心理健康教育专职教师，从源头上预防心理问题的出现，并通过心理咨询中心、心理咨询热线等方式，疏导大学生学业、生活、感情和就业等方面的压力，更好地服务大学生心理健康。

心理环境对大学生自我评价的影响和作用是基础性的，心理环境的塑造极易受到外部环境的影响和干涉，需要教育工作者和大学生对自我评价的外环境进行把握、分析和优化。外部环境中，对大学生心理环境影响最大的，莫过于朋辈社交环境、校园文化环境两类。其中，对朋辈社交环境的优化，应从优化大学生社会交往入手。人际的各种交往对人的思想品德的形成和发展在一定条件下具有决定意义。古人对于朋辈社交的优化已经有了许多观点，如“亲贤臣，远小人”“独学而无友，则孤陋而寡闻”等。对于优化大学生朋辈社交环境有着启发性的借鉴价值。特别是在大学生的社会交往中，应引导大学生推崇模范、弘扬典型，以大学生党员为例，要充分发挥党员的先进模范作用，形成良好的朋辈社交和评价互动。在校园文化环境的优化中，应注重校园文化环境的育人建设，从多个方面评价大学生的发展。高校校园文化环境既包括了物质性的校园环境，也包括了网络环境，诚然目前学习通、腾讯会议等手段已经被应用到教学活动中，但在引导大学生自我评价方面尚有一定不足，高校应充分发挥互联网的便捷和普及化的优势，建设大学生自我评价的网络平台，一是便捷大学生自我评价的进行，二是评价的内容可以更加广泛，从心理评估到个性化发展趋势多个方面都可以为制订大学生个性发展方案提供可靠的依据。此外，校园网络文化环境的建设，可以依托新媒体技术，更好地发挥短视频、微视频等新的传播形式，让马克思主义理论、观点、方法等更加入脑入心，强化了育人实效。

大学生自我评价是新时代大学生自我教育的重要节点，也是连接着两个不同阶段自我教育的重要环节，其出发点是为了促进大学生更好地总结自我、认识自我，进而强化自我

学习和自我实践的效果。可以说，自我评价的效果，是大学生持续推进自我教育的定力所在，没有自我评价所带来的对某一阶段学习和实践效果的认知和对自我成长发展的认知，自我教育活动也就无从进行，只有更好地推进自我评价，培养大学生自我评价意识，完善大学生自我评价标准，优化大学生自我评价环境，才能保持大学生自我教育的定力，确保大学生自我教育能够持续推进下去。

参考文献

[1] 安玳君. 新时代大学生劳动教育的现状及实施路径研究 [D]. 太原：中北大学，2023.

[2] 安南，宋吉振，李义安. 大学生教育获得感与专业承诺、学校认同关系的交叉滞后分析 [J]. 心理月刊，2023，18（24）：68-71.

[3] 陈方会. 新时代加强大学生劳动教育的路径研究 [D]. 喀什：喀什大学，2023.

[4] 陈凤娟. 新时代大学生网络道德教育研究 [D]. 漳州：闽南师范大学，2023.

[5] 陈志超. 新时代大学生自我教育的理论溯源、现实意义与路径选择 [J]. 思想教育研究，2020（07）：156-159.

[6] 崔建鹏. 新时代大学生劳动教育的必要性及实施路径 [J]. 公关世界，2024（07）：84-86.

[7] 董立如. 新时代大学生网络道德教育发展策略研究 [D]. 遵义：遵义医科大学，2023.

[8] 范慧诚. 新时代大学生家国情怀培育研究 [D]. 西安：长安大学，2023.

[9] 郭淑萍. 当前大学生网络道德教育存在的问题及对策 [D]. 武汉：华中师范大学，2016.

[10] 郭瑶萍. 新时代大学生劳动精神教育研究 [D]. 南宁：南宁师范大学，2023.

[11] 何佳雯. 新时代大学生劳动教育实现路径研究 [D]. 重庆：重庆交通大学，2022.

[12] 胡洋，徐永健. 新时代大学生劳动教育困境及破解对策 [J]. 白城师范学院学报，2024，38（01）：36-41.

[13] 吉娜娜. 新时代厚植青年家国情怀研究 [D]. 北京：北京交通大学，2023.

[14] 贾洁. 新媒体背景下大学生劳动教育工作策略探究 [J]. 新闻研究导刊，2024，15（08）：179-181.

[15] 姜杨. 新媒体环境下大学生网络道德教育路径研究 [D]. 北京：北京化工大学，2022.

[16] 李子莹. 新时代大学生劳动教育提升路径研究 [D]. 杭州：浙江大学，2022.

[17] 刘继强. 微时代大学生网络道德教育研究 [D]. 成都：电子科技大学，2017.

[18] 刘津阳. 新时代大学生劳动教育研究 [D]. 北京：北京邮电大学，2023.

[19] 刘泳利. 新时代大学生家国情怀培育研究 [D]. 哈尔滨：哈尔滨商业大学，2022.

[20] 卢军. 新时代大学生生产劳动教育研究 [D]. 贵阳：贵州师范大学，2023.

［21］罗东芳．新时代大学生理想信念教育问题与对策研究［D］．南充：西华师范大学，2023.

［22］吕俊玲．青马工程视域下新时代大学生劳动教育问题及对策探析［J］．黑龙江教师发展学院学报，2024，43（04）：45-49.

［23］毛蒋莉．网络环境下大学生理想信念教育研究［J］．湖北开放职业学院学报，2024，37（08）：49-51.

［24］米尚杰．新时代加强大学生理想信念教育对策研究［D］．哈尔滨：中共黑龙江省委党校，2023.

［25］亩正雯．新媒体环境下大学生网络道德教育研究［D］．沈阳：沈阳工业大学，2019.

［26］南泽艺．新时代大学生理想信念教育常态化研究［D］．石家庄：河北科技大学，2023.

［27］牛凯．新时代大学生劳动教育的现状及路径优化研究［D］．西安：西安建筑科技大学，2023.

［28］饶亦心．新时代大学生家国情怀培育研究［D］．南昌：江西师范大学，2022.

［29］师朝霞．后疫情时代大学生家国情怀培育研究［D］．大庆：东北石油大学，2023.

［30］石磊，金炜康．大学生自我教育的实施路径［J］．中国高等教育，2022（02）：59-61.

［31］王丹．大学生网络道德教育方式创新研究［D］．西安：西安工程大学，2015.

［32］王慧聪．新时代大学生党员理想信念教育研究［D］．沈阳：辽宁大学，2023.

［33］王姣翔．当代大学生家国情怀培育研究［D］．石家庄：河北科技大学，2023.

［34］王利娟．新媒体时代大学生网络道德教育研究［D］．重庆：重庆工商大学，2019.

［35］王男．新时代大学生劳动教育的实践路径研究［D］．大连：大连海事大学，2023.

［36］王婷．当代大学生网络道德教育问题研究［D］．青岛：青岛大学，2016.

［37］王毅，农璐．协同理论视角下大学生理想信念教育与双创教育融合探索［J］．林区教学，2024（02）：31-36.

［38］魏璟．大学生网络道德教育现状及其对策研究［D］．兰州：兰州交通大学，2021

［39］吴林莲．当代大学生理想信念教育浅析［D］．成都：成都理工大学，2013.

［40］吴同花．新时代大学生网络道德教育研究［D］．郑州：河南中医药大学，2022.

［41］吴小芳．立德树人视域下大学生劳动教育研究［D］．南昌：江西科技师范大学，2023.

［42］许铭伦，张家骏．新时代大学生理想信念教育实践路径研究［J］．世纪桥，2024（04）：42-44.

［43］薛锐欢．新时代大学生劳动教育研究［D］．太原：中北大学，2023.

［44］杨碧云．全媒体时代大学生网络道德教育研究［D］．西宁：青海大学，2023.

[45] 杨鹤. 新时代大学生理想信念教育优化路径探究 [J]. 华章，2024（03）：55-57.

[46] 叶辉.00后大学生理想信念教育研究 [D]. 柳州：广西科技大学，2023.

[47] 岳祺. “大思政课”视域下大学生家国情怀培育研究 [D]. 兰州：兰州大学，2023.

[48] 张晨曦. 新时代大学生家国情怀培育研究 [D]. 保定：河北大学，2023.

[49] 张国旗. 互联网时代大学生教育管理模式探索 [J]. 中国新通信，2024，26（04）：161-163.

[50] 张弘. 新时代大学生劳动教育现状及对策研究 [D]. 太原：太原科技大学，2023.

[51] 张琳浩. 大学生自我教育研究 [D]. 大连：辽宁师范大学，2021.

[52] 张晓红. 大学生自我教育能力提升的对策研究 [J]. 常州信息职业技术学院学报，2020，19（06）：52-54.

[53] 张亦轩. 新时代大学生自我教育优化研究 [D]. 贵阳：贵州大学，2023.

[54] 赵星月. 新时代大学生家国情怀培育研究 [D]. 延吉：延边大学，2022.

[55] 郑蕊. 新时代大学生理想信念教育制度化研究 [D]. 长春：吉林大学，2023.

[56] 郑卓. 新时代大学生网络道德教育研究 [D]. 长春：东北师范大学，2022.

[57] 周倩. 新时代大学生思政教育中的理想信念教育研究 [J]. 成才之路，2024（09）：25-28.

[58] 朱瑶瑶. 新时代大学生家国情怀的培养路径研究 [D]. 南京：南京信息工程大学，2023.